勝又基【編】───

【否定派】猿倉信彦・前田賢一

【肯定派】渡部泰明・福田安典

【司会】飯倉洋一

古典は
本当に必要なのか、
否定論者と議論して
本気で考えてみた。

文学通信

ポスター＝中村有梨亜（タマプリント）

はじめに

　成人の日。毎年この日になるとニュースやSNSでは、若者の派手な服装や、市長からのメッセージなどが話題に上る。しかし2019年のこの日、Twitterで「日本のトレンド」としてトップに位置づけられたハッシュタグは、「♯古典は本当に必要なのか」というものであった。これは明星大学日本文化学科が主催したシンポジウムのタイトルである。

　この会合の大きな特色は「ガチの古典否定派」を招いたことである。また、この否定派パネリストからの提起が「高校の必修科目から古典はなくすべき」という具体的なものだったこともあり、約120名の出席者、そしてインターネット中継の視聴者を巻き込んで議論は白熱した。否定派が張った論陣はどのようなものだったのか。これに対して古典の研究者や中高の国語教員はどう反論したのか。その議論から浮かび上がった問題は何だったのか。本書はその様子を再現し、より深い議論への橋渡しにしようとするものである。

　本書は二部構成とした。Part.1でシンポジウムを誌上再現した。加えて、登壇いただいた4名のパネリストと司会者から、当日の議論を補足するエッセイを寄稿いただいた。付録として当日の会場アンケートの結果を付した。Part.2ではオーガナイザーである筆者が、やや長めの総括を行った。

　本書には、「古典は本当に必要なのか」という問題に対する、今までにない論点が詰まっていると自負している。今後、古典教育を肯定するにせよ、否定するにせよ、ここでの議論を踏まえていただければ、より一層建設的かつ未来志向の議論が可能になるはずである。

明星大学日本文化学科

教授　勝又　基

【目次】

はじめに……3　凡例……8

Part.1
シンポジウム「古典は本当に必要なのか」全記録

前口上……11
パネリスト・司会者・オーガナイザー紹介……14

■第一部　パネリスト発表

高校生に古典教育は必要か？（不要 選択科目にすべき）……19
猿倉信彦

古典はなぜいらないか―結論から／この議論にのったモチベーション／私の履歴書／教育とは高校・大学においてどうあるべきか？（議論の前提1）／現状の変化―自分が高校生のころとの変化（議論の前提2）／古典はなぜいらないか―ほかの科目に時間を譲るべきか／どうすればいいと思っているのか（哲学は現代文、情緒的古典は芸術科目選択に）／問題点（縦割り、前例主義、既得権益）／これから（確認作業、意見交換、教育政策への反映）／最後に

古文・漢文より国語リテラシー……37
前田賢一

定義―古典と古文とは違う／古文なしで文化を理解できない？／源氏物語（桐壺）冒頭／ニュートン『プリンキピア』／古文でないと伝わらないというものがある―古文を勉強したら伝わるか？／バカとアホは同じか？／「ハム」という言葉を聞いて何を思い出すか／古文を知らないと一流ではない？／古文は教養である？／国語にはリテラシーと芸術がある／芸術としての文学／リテラシー―これを教えてほしい／リテラシー―日本語と論理／まとめ

古典に、参加せよ……51
渡部泰明

4

和歌は日本文化の歴史を貫くほど続いた／古典は主体的に幸せに生きるための智恵を授ける／主体的な幸福─良い仕事を責任ある立場で成す／では何を学ぶのか／『徒然草』137段を例に／冒頭の部分から／兼好はこの発想をどこから得たのか／失敗は成功のもと─『徒然草』の思想を生み出す原動力としての和歌／固定観念を否定する、『徒然草』137段／『徒然草』137段のラスト─逆転の論理ととらわれない発想／授業活動例─古典に参加させよ！

BUGAKU教育を否定できるならやってみせてよ……65
福田安典

私の立ち位置　その1／私の立ち位置　その2／理系／文系の区別は誰のため、何のため？／どちらが医学書でどちらが文学書？─知られていなかった日本の古典を発掘して発信する／医学書と文学書の両方を知っていることが必要だった時代─近代以前の日本／江戸時代の時代背景─実学や教育／再び理系と文系を考える／国際関係をつなぐ日本の古典芸能─フィリピン大学との学術交流から／最後に

■第二部　ディスカッション

はじめに……83

1. パネリスト同士のディスカッション……83
コンテンツビジネス／納税者は別に古典を読みたいと望んでいない／漢文の医学書を読まなくてはならない現代の医師はいない／医者の心得は愁訴に応えること─すべての学問は人間を相手にしている／目指すべきことは何か。抜本的に日本の古典教育は変えていくべきか

2. フロアの否定派1人目……90
議論やプレゼンよりも古典とか古文とかがなぜ必要なのか／古典には「心を預ける」という作業が入る／実用的なものは古びるのが早い／「だから古典は必要である」に至る論理にあるギャップ／議論のためのユニバーサルスキルは古くならない

3. フロアの否定派2人目……97
古典の優先度を可視化できるものはあるか─「幸福」というキーワード

4. フロアの否定派3人目……104
現代語訳で古典を解釈して教えることは不可能なのか

【目次】

5. ポリティカル・コレクトネス（political correctness）の問題……105

6. 多文化化していく社会で、教育の対象は誰か……107

7. 古典に触れる機会を残しておきたい……110

8. 古文・古典の意義とメリット……111

9. リベラル・アーツとしての古典を起点に、ユーザー目線の制度設計を考える……113

10. その他のフロアの意見……118

11. まとめ……123

■**第三部　アンケート集計**
　　　　—— 全体の議論を聞いて、最終的にどうお考えになりましたか

---

①**全体の議論を聞いて、最終的にどうお考えになりましたか？**……131

②**ご意見・ご感想を自由にお書きください**……135

　　付・YouTube のコメント欄に寄せられた意見……153

あとがき

　「古典は本当に必要だ」と言えるために／飯倉洋一……157

　否定派は肯定派に圧勝した／猿倉信彦……160

　まだ明確な回答を得ていない／前田賢一……162

　シンポジウムの、その後／福田安典……164

　個体発生は系統発生を繰り返す／渡部泰明……166

Part.2
古典に何が突きつけられたのか
勝又 基

1. 開催まで—身内の怪気炎にすぎないシンポを越えるために……170

　1. 否定派と対峙するために／ 2. さまざまな反響／ 3.「古典はこんなに面白い」は通じない

2. パネリスト発表……176

1. 否定派① 猿倉信彦氏／2. 否定派② 前田賢一氏／3. 肯定派① 渡部泰明氏／
4. 肯定派② 福田安典氏

3. 古典の優先度はどの位置がふさわしいか……179

1. 必修古典の縮小はすでに決まっている／2. 人文学軽視の背景／A.Society5.0／
B. 人文学の業績は計測できるのか／C. 数学における行列の廃止

4. 古文を学んでも幸せになれないのか……185

1. 教育が与えられる「幸せ」は何か／2. 日本を経済奴隷の工場にしたいのか／3.「役
立つから必要」なのか、「役立たないけれど必要」なのか／4. 高校教育は何を目指
しているのか／5. 高等学校の学びを低く見積もりすぎなのでは？／6. 古典は「我
が国の一員としての責任と自覚を深める」？

5. 古文は日本語力向上に役立たないのか……193

1. プレゼンに役立たない古文・漢文／2. 豊かな語彙は必要ないのか／3. 古い言葉
は現代語の豊かさを育むのか／4. 韓国人はかわいそう？／5. 今こそ現代語訳だけ
では不十分／6. 古文は現代文化の発展にも役立つ

6. 古典文学は倫理的に問題があるのか……202

1. ポリティカル・コレクトネスと古典／2. 古典を重んじる中国

7. 限られた古文の時間をどう生かすべきか……204

1. このまま、というわけにはいかない／2. 助動詞活用表をテストに貼り付けてはど
うか／3. 何度も習う同じ古典作品／4. 平安文学と説話文学への異常な偏り／5. 古
文文法と文学史に完全を求めない／6. 大学入試共通テストに『源氏物語』はやめて
ほしい

おわりに……216

［凡例］

・本書 Part.1（第一部　パネリスト発表、第二部　ディスカッション）部分は、
当日の発表を元に文字起こしを行い、そこに適宜著者による修正、文学通信
編集部による修正を加えたものです。

・Part.1（第二部　ディスカッション）部分は、読みやすさを考え、フロアー
からの発言について、適宜取捨選択を文学通信編集部により行っています。

・Part.1（第一部　パネリスト発表、第二部　ディスカッション）部分は、イ
ンターネット動画で視聴可能です。内容に不信な点を感じられた場合、こち
らも合わせてご覧ください。

　■古典は本当に必要なのか（明星大学日本文化学科シンポジウム 20190114）
　https://www.youtube.com/watch?v=_P6Yx5rp9IU

・Part.1（第三部　アンケート集計）は当日回収したアンケート、及び
YouTube 上で募った投稿フォームに寄せられたものを、個人を特定出来ぬよ
う、本文のみ掲出しました。ご了承ください。

・Part.2（古典に何が突きつけられたのか）は、編者による書き下ろし論考です。

・Part.1（第二部　ディスカッション）部分は、分かる範囲で、本書の編者・
文学通信で連絡をし、許諾を得ているのですが、まだなお不明の方がいらっ
しゃいます。発言された方で、まだ連絡が来ていない方は、文学通信までご
一報いただけませんでしょうか。〒 115-0045 東京都北区赤羽 1-19-7-508
電話 03-5939-9027　FAX03-5939-9094　info@bungaku-report.com

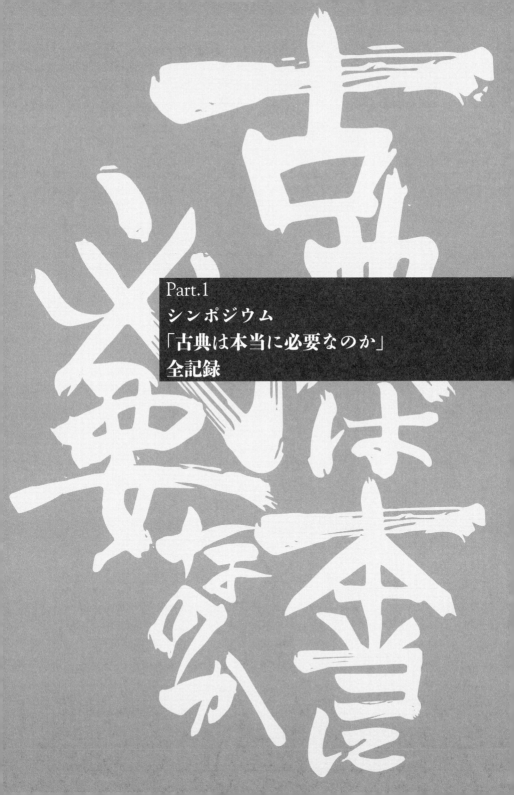

Part.1
シンポジウム
「古典は本当に必要なのか」
全記録

前口上

　本日はお越しいただき、まことにありがとうございます。これより、明星大学日本文化学科シンポジウム、「古典は本当に必要なのか」を開催いたします。

　わたくしは、日本文化学科の教授で、本シンポジウムのコーディネーターを務めております、勝又基と申します。開催に先立ち、本シンポジウムの趣旨を説明いたします。

　近年、日本の古典文学研究・教育は、危機に瀕していると言って良いでしょう。大学の日本文学系学科の縮小、国文学研究雑誌の相次ぐ廃刊、学会の高齢化と会員減少、さらには学習指導要領の改訂、入試改革において古典が押しやられるなど、四半世紀前からは想像もできない状況に陥っています。

　これに対して、古典の価値を訴え、人文学の意義を唱えるシンポジウムや書物は、ここ数年来、少なからず世に現れてきました。しかしそれらの多くは、守る側だけの論理を一方的に振りかざすに留まっていた、と言わざるを得ません。古典を軽んじている理系、経済界、そして行政の人たちに、その言葉は真に有効な反論たり得ていたでしょうか。その声は届いていたでしょうか。

　いまわれわれに求められていることは、「古典など不要」と考えている人々の声に、まずは真摯に耳を傾けること、そして、その論理から逃げることなく、正面から反論すること、ではないでしょうか。

　もちろん、SNS上では、こうした対決的な議論は、珍しいものではあ

りません。しかしそれらの多くは、匿名の自称「成功者」による、「オレはこんなに偉くなったが、古文・漢文など使ったことがない」という一方的な発言です。これに対して、反感混じりに正論を投げ返したところで、生産的な発展は到底見込めません。

　こうした反省を踏まえて、本シンポジウムでは、古典否定派を自称してはばからない、大学と企業の研究者をお迎えしました。お2人のご意見に「直接」耳を傾け、「この場で」議論を深めてゆきましょう。

　古典不要論には、多様な論点があります。あなたの人生にとって古典は必要かどうか。新たな価値・学びが生まれている現代、なおも高校の「必修」で古文の「文法」を学ばなければならないのか。大学の役割分担が進む中、地方国立大学に古典文学の教員は必要なのか。同じく軽視されている理系の基礎科学の研究者なら、人文学の重要性を理解してくれるのか。「グローバル人材」を育てるという国の方針のもとで、日本の古典を学ぶ価値とは何なのか……。幸い今回は、さまざまなご所属、お立場の方々が会場にいらしていると聞いております。それぞれのお立場から、多様な指摘がなされることを期待しております。

　今日の議論は、大げさでなく、古典がある側面において、終わるきっかけを作ってしまうかもしれません。またあるいは、日本の古典が新たな一歩を踏み出す日になるかもしれません。すべてはこれから3時間半の議論にかかっています。皆さんの積極的なご参加をお願いいたします。

　本日のプログラムについてご説明します。まず第一部はパネリストによる発表をいたします。否定派の方々がまずお2人発表なさって、そのあと肯定派の方がお2人発表いたします。持ち時間は20分厳守をお願いしております。パネリストの発表後休憩をはさみますが、その時に手元の中間アンケートを回収いたします。質問をご希望の方はその旨ご記入の上、スタッフにご提出ください。休憩をはさみまして第二部のディスカッション

に入ります。司会は私ではなくて新たな方をお招きしております。パネリストからまずコメントをいただきます。そのあとパネリスト同士でしばらくお話しいただこうと思います。そのあとに中間アンケートをもとに会場との議論を深めてまいりたいと思います。一つの質問はパネリストからの回答も含めて5分間を厳守していただきたいと思います。できるだけ多くの方のご意見を伺いたいと思っているからです。

　パネリストの紹介をいたします（次ページ参照）。まず否定派のお一方目、某旧帝国大学研究所教授、猿倉信彦さんです。紹介のところをご覧ください（次ページ）。今回ご登壇いただくにあたりまして、これが個人の意見である、所属を代表するご意見ではないということを明確化するために大学名を明記しておられません。その点、ぜひご理解いただければ幸いでございます。続きまして否定派のお二方目、元東芝の前田賢一さんです。そして肯定派のお一方目は、東京大学の渡部泰明さんです。お二方目は、日本女子大学の福田安典さんです。第二部の司会を務めてくださるのが、大阪大学の飯倉洋一さんです。

　最後にこれから3時間半議論をするにあたって、いくつかお願いがございます。議論は紳士的にお願いいたします。特定できるような個人団体への中傷、発言中の野次、パネリストの所属先へのクレームはおやめください。実はこれはすでにあったと聞いております。皆さま、ぜひその辺り紳士的にお願いいたします。そしてインターネット中継をご覧の方は、ハッシュタグ「♯古典は本当に必要なのか」をどうぞご利用ください。そしてマイクを通しての発言、アンケートの内容、ハッシュタグを使用してのツィートは、報告書などに利用させていただくことがございます。あらかじめご了承いただければ幸いでございます。では、議論に移りたいと思います。まずは否定派のお一方目、猿倉信彦さんよろしくお願いいたします。

パネリスト・司会者・オーガナイザー紹介

【否定派】 猿倉信彦

- 某指定国立大学 理工系研究所教授（個人としての意見であることの明確化のため大学明記せず）。
- 1963年富山県生まれ。アポロ計画で科学技術に感動。
- 国立附属高校で3年間、古典教諭のクラス。
- 東大理一、物理工学科。修士で黄金期のNTT基礎研究所就職。
- 東大M時代とNTTの研究のヒットで国立研究所の助教授に32歳で就任。
- 42歳でいまの大学の研究所の教授にリクルートされる。

【否定派】 前田賢一

- 高校3年生でパターン認識の道を志す。
- 東京工業大学大学院修了後、東芝に入社。パターン認識、人工知能、計算機の研究に従事。研究開発センター技監、関西研究センター長など。
- 前回の人工知能ブームの時、エジンバラ大学AI応用研究所に駐在。
- 学会では、電子情報通信学会 和文D論文編集委員長、技術担当副会長を担当。
- 定年後は、フリーのコンサルタント、中央大学客員研究員、次世代センサ協議会技術委員。

【肯定派】 渡部泰明

- 東京大学大学院博士課程中退、現在東京大学大学院人文社会系研究科教授。
- 専攻は、和歌史・中世文学。著書に『和歌とは何か』（岩波新書）、『中世和歌史論 様式と方法』（岩波書店）ほか。1999年より明治書院の高等学校国語科教科書の編集委員。
- 非常勤先で演劇の授業を10年担当し、それをふまえて本務校で「古典教育の試み」と題する、参加型の模擬授業を行う授業を開設。

【肯定派】福田安典

- 大阪大学文学部、同大学院を修了後、愛媛大学教育学部などを経て、現在は日本女子大学「文学部」。
- 三省堂『明解国語総合改訂版』という教科書作成に関わり国語科教育についての論文もある。
- 専門は平賀源内を中心とする近世文学で、源内のように多方面に手を出している。その一つが医学書で、「医史学に貢献した」とのことで「醫譚賞」を受賞、その方面での発言の機会が増えている。
- 主著『平賀源内の研究』(ぺりかん社)、『医学書のなかの「文学」』(笠間書院) など。

【第二部ディスカッション司会】飯倉洋一

- 九州大学大学院博士後期課程中退。山口大学を経て、現在大阪大学大学院文学研究科教授。
- 専攻は日本近世文学。主要著書に『秋成考』(翰林書房)、『上田秋成　絆としての文芸』(大阪大学出版会) など。
- 2016年、科研チームで、くずし字学習支援アプリ KuLA を開発、10万回以上のダウンロード数を記録し、各種メディアでも話題となった。現在、ハイデルベルク大学・国文学研究資料館とともにデジタル文学地図プロジェクトを進めている。

【オーガナイザー】勝又 基

- 九州大学大学院博士後期課程修了。ハーバード大学ライシャワー日本研究所客員研究員等を経て、現在、明星大学教授。
- 著書に『落語・講談に見る「親孝行」』(NHK出版)、『親孝行の江戸文化』(笠間書院)、共編著に『怪異を読む・書く』(国書刊行会) など。
- 孝子伝、落語・講談、写本文化、昔話絵本などを専門とする。また早くから国際的な研究交流の重要性に注目し、海外での学会発表、資料調査、英語での論文執筆を積極的に行う。

第一部　パネリスト発表

高校生に古典教育は必要か？
（不要 選択科目にすべき）

否定派

猿倉信彦

■ 古典はなぜいらないか —— 結論から

　皆さん、こんにちは。猿倉と申します。発表タイトルは「古典は本当に必要なのか」という命題に限って言っていることで「高校の必修には」という意味合いです。結論として、私は不要であると思う。最初のスライドをご覧ください（図1）。もっと学ぶべきことが高校生にはたくさんあるから止めてほしいっていうのが個人的意見です（①）。それともう一つ、比較的新しい観点かと思うのですけれど、日本の社会の発展の弊害になっている要素が極めて大きいのではないかと最近感じています（②）。それと3番目は書いても書かなくてもいいところなのですけれど、現代の必要なものに対する接続が極めて薄いから無駄であると（③）。

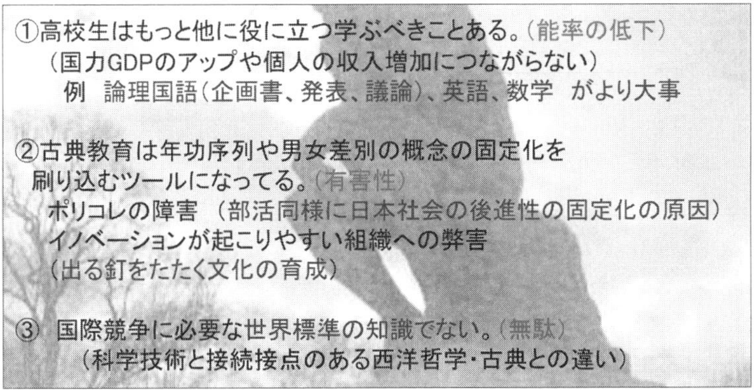

①高校生はもっと他に役に立つ学ぶべきことある。（能率の低下）
　（国力GDPのアップや個人の収入増加につながらない）
　　例　論理国語（企画書、発表、議論）、英語、数学　がより大事

②古典教育は年功序列や男女差別の概念の固定化を
　刷り込むツールになってる。（有害性）
　　ポリコレの障害　（部活同様に日本社会の後進性の固定化の原因）
　　イノベーションが起こりやすい組織への弊害
　　（出る釘をたたく文化の育成）

③　国際競争に必要な世界標準の知識でない。（無駄）
　　（科学技術と接続接点のある西洋哲学・古典との違い）

図1

■この議論にのったモチベーション

　今回パネリストを引き受けたモチベーションというのが図2です。いままではいろんなことへの評価は、縦割りで考えられている日本の状況の中で、同じ国の中のことですが、よその話だと思っていたんです。ですが餅を餅屋に任せていたら平成の30年間で大変なことになっちゃったと。銀行屋さんっていうのはもっとまともかと思ったら、微分方程式ができないから銀行をつぶしちゃったって、そんな人たちばっかりだと。

　教育改革も進んでいない。それで学術としては一流なのかと思ったら、国際評価で見たら日本の文系学術というのはボトムに近い。あと文学は教養として大事なのだよって昔から言われていたので、本当に大事なのかなって思っていたら、そういう人たちが言っていた教養の必要な場面は実はいままで本当になかったのです。それなのにこういう教育をずっと続けていくのかと思っていて、友達とブツブツつぶやいていたらなぜだか今回の企画の話が来たんで、世直しの一環として引き受けました。

```
#  参加の動機.   個人としてのこの議論にのったモチベーション。
私は今55歳でいわゆるバブル世代。 経済は経済学部の人たち、教育
は教育関係者にお任せ、彼らのまともさを信じていた。 餅は餅屋。外から
口出ししない。これが今の日本の惨状を生んだのだと思う。気が付いた人
は口出しをすべきだった。 経済学部の人たちは 金融工学がわからない
ので負けまくり、教育関係者は、教育改革ほとんどやれていない。 日本
の人文学ってもっとまともかと思ったら。QSやスコーパスで見たら、中国や
韓国、台湾、香港よりもかなりレベルが低い。やることやれずに国を左前
にした教育をして、学術の国際評価ボロボロ。 日本には ”文革＝文系教
育の大改革”が必要ですね。 ①餅を餅屋に任せるレスペクト、直接評価
できないことへの口出しの遠慮 ②ひょっとしたら彼ら目線の教養が役に
立つかもしれん？といった自分の切り捨て判断への自信のなさ。③ 自分
のことで忙しい。 ①－③が今まで黙っていた理由。 ①は QSとかで レ
スペクトの必要性低下 ②30年 仕事して彼ら目線の教養が本当に不要
だったとの確信 ③多くの気が付いた人が黙っていて日本が左前の状態、
若者が低能率の教育を受けてることへの慣れ、こんな感じで ”世直しへの
ボランチア活動“として、頼まれたので 憎まれ役を引き受けました。
```

図2

■ 私の履歴書

　それで図3・4が世間的意味の履歴書です。年次っていうものを出していくことが大事かと思ってあえて出しました。55歳です。田舎生まれ、富山出身です。

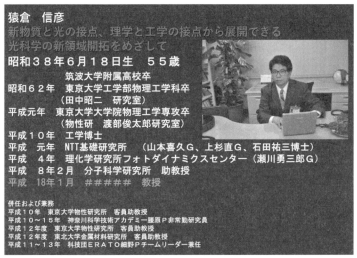

図3

図4

富山の田舎で生まれたものですから、実年齢55歳ですけれど、多分普通の都会のセンスで言うと60歳超えですね。田舎の文化で育っている。ここで時代背景を言っておかないといけないと思うんですけれど、比較的田舎のわりとトラッドな家で育ったというのと、親が学校の教員をやっている家庭だったものですから、それなりに日本の文化には親しんできました。時代がちょうど計算機カシオミニというものが出たころで、そろばんをやっていたけれどいいや、と。それで万博でアポロを見てちょっと感動した世代ですね。その後高校の担任が、ここが私の古典嫌いの始まりでして、結構有名な先生だったらしいんですけれど、とことん意見が合わなかったです。ですが共通一次試験に古典があるし、二次試験にも場合によってはある大学もあるので、嫌々勉強した。世代的にはドイツ語がまだ大学院への入学試験にあってあまり疑問に思わなかったんですけれど、結果としてこれもいらなかったですね。私は結構悪書なんですけれど、字をきれいに書きなさいと言われてきたんですが、ワープロが出て、ワープロだけじゃなくてアップルコンピューターがアウトラインフォントを準備してくれたもんだから、本当に字もきれいに書かなくてよくなった。

たまたまタイミングが良くて国立大学でいろいろやっているわけなんですけれど、ガチガチの文化否定論者かっていうとそういうわけではなくて、基本的に美術品をよく見ます。いま、大学の教育関係者はご存じだと思いますけれど、留学生がとっても大事なのでアジアとのインターフェースをたくさん作っていま

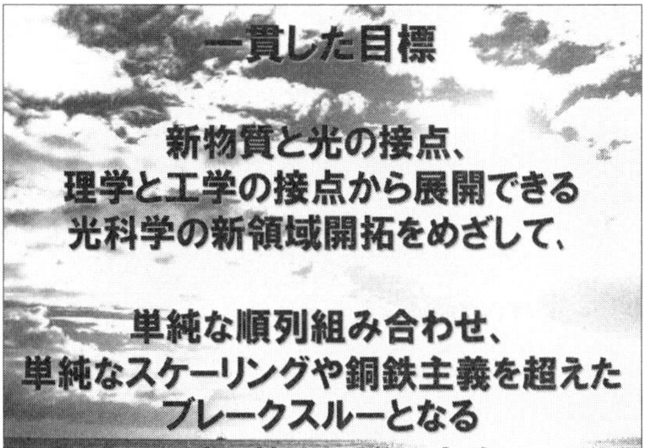

図5

す。学術の言語っていうのは基本的に英語以外あり得ないんですけれど、外国人が日本の社会で生き残っていく時には日本語インターフェースが必要なので、そういう人たちのための日本語ってどうあるべきかということをよく考えています。

　文系の言葉で分かるように、私が何をやってるんだということを説明すると、光と物質の間、エンジニアリングとサイエンスの間をやっているつもりです。図5をご覧ください。以上を前置きにして、ここから議論を始めていきます。

■ **教育とは高校・大学においてどうあるべきか？（議論の前提1）**

　図6をご覧ください。教育というのは高校、大学においてどうあるべきか。出資者は誰だ、と。出資者は国とご家族ですね。国への還元というのは、GDP とか競争力じゃなきゃいけないだろうと。個人への還元というのは、収入か自己実現じゃないとダメだろうと。高校生の時間というのは有限です。学生は優先順位の高いものから覚えていかないとしょうがない。大学というのはいま少子化の中でものすごく危機を迎えていますから、ちょっといままでとありようが違ってくるのではないか。またアジアの若者を、

1. 教育とは　高校、大学においてどうあるべきか？　（議論の前提1.）

教育は出資者に明示的に還元されないとダメ。

①国　GDP、競争力　②個人　収入、自己実現

高校生　時間は有限。
大学　　A.学ぶことが増えてる。　B.少子化でつぶれそうな大学がある。

#1　圧倒的に基礎力の劣化・不足を感じる（理系教育・英語）
　　これでは　日本の若者は戦えない。
　　その科目を学ぶことによって、
　　①か②が大きくなるものを優先して高校生に教えるべき

図6

いろいろな国の若者と比べてみると、日本の若者はちょっと戦える状況にないんですね。結構危ないんです。30年後に日本は負けちゃいます、多分。これは急速に立て直さないと競争力の回復はないと思っています。そういう意味では教育というのは、「あった方がいい」ではなくて、「なきゃいけないもの」に立ち返らないと戦えないです。

　図7をご覧ください。教育関係者はご存じだと思いますけれど、18歳人口はピークの時のほぼ半分になりました。つまり自由競争に任せたら、半分くらいの大学がつぶれる可能性がある。

　図8です。実質的に文科省の政策を書いているのは鈴木寛さんという方のようなんですが、いろんな言葉で書いていますが一言でまとめると、国立大学は理系重視、私立大学は文系にシフト、という考え方のようです。ランキングは関係ないじゃないかという話があるんですが、QSランキング、国際ランキングというのは留学生を集める時に非常に大事です。だから文科省はこれに非常に敏感になっている。現実的には大学にはいろいろカテゴリー分けが起こってきて、本当に国力のために戦っているところと

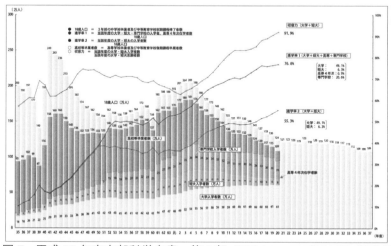

図7　平成20年度文部科学白書　第2部（図表2-3-1　18歳人口及び高等教育機関への入学者数・進学率等の推移）より
http://www.mext.go.jp/b_menu/hakusho/html/hpaa200901/detail/1283626.htm

ビジネスとしての教育というのもやはり存在するんだろう。違った考え方で運用しなきゃいけないだろう。じゃあどういう人を大学で作りたいのかという時に、ノーベル賞を取るような人とか、いろんな考え方があると思うのですが、恐らく日本の教育のミッションの再定義がうまくできていないんですね。多分いま一番必要とされているのは、GAFA（Google、Amazon.com、Facebook、Apple）みたいな新しい産業を作れる人なんだろうと思います。次の引用をご覧ください。

　平成17年の中央教育審議会大学分科会の答申では、国立大学は、その役割として「世界最高水準の研究・教育の実施、計画的な人材養成等への対応、大規模な基礎研究や先導的・実験的な教育・研究の実施、社会経済的な観点からの需要は必ずしも多くはないが重要な学問分野の継承・発展、全国的な高等教育の機会均等の確保」を有しているとされ、一方で、私立大学は「それぞれの建学の精神に基づく個性豊かな教育研究活動を主体的に展開する」ことが役割とされています。

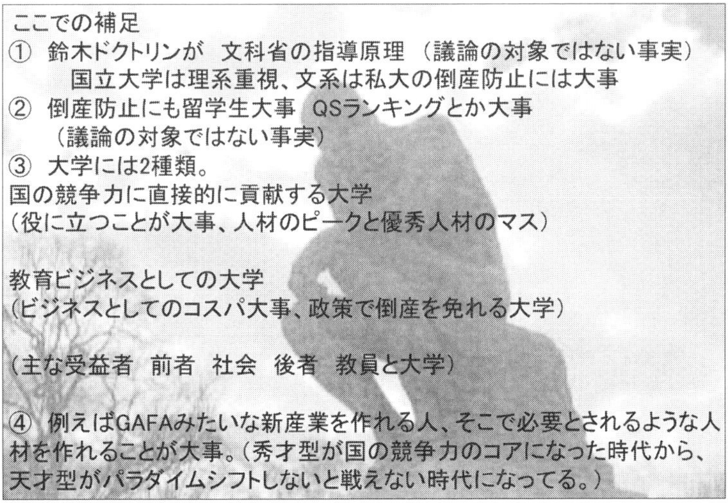

ここでの補足
① 鈴木ドクトリンが　文科省の指導原理　（議論の対象ではない事実）
　　 国立大学は理系重視、文系は私大の倒産防止には大事
② 倒産防止にも留学生大事　QSランキングとか大事
　　（議論の対象ではない事実）
③ 大学には2種類。
国の競争力に直接的に貢献する大学
（役に立つことが大事、人材のピークと優秀人材のマス）

教育ビジネスとしての大学
（ビジネスとしてのコスパ大事、政策で倒産を免れる大学）

（主な受益者　前者　社会　後者　教員と大学）

④　例えばGAFAみたいな新産業を作れる人、そこで必要とされるような人材を作れることが大事。（秀才型が国の競争力のコアになった時代から、天才型がパラダイムシフトしないと戦えない時代になってる。）

図8

こうした役割分担もあり、わが国の大学で人文社会学系は、私立大学のほうが充実してきた歴史的経緯があります。私立大学の学生数の国立大学の学生数に対する割合をみると、法学部で10倍、経済は6倍、経営・商学部は10倍、文学部は15倍、社会学は30倍。一方、理学部は7割、工学部・理工学部が1.2倍、医学部は0.5倍です。

　[鈴木寛「「大学に文系は要らない」は本当か？　下村大臣通達に対する誤解を解く（上）」（ダイヤモンドオンライン、2015.8.17）https://diamond.jp/articles/-/76705?page=4]

　人文・社会科学系のST比は、国立大学全体で見ても15〜20と言われており、理工学系や医学系（3〜10）と比べても劣った水準に留まっています。だからこそ、日本の理系の教育と研究は国際的にも伍していけるのです（たとえば、論文引用数で東大の物理は世界で3位、京大の化学は4位、阪大の免疫は4位、東北大学の材料工学は5位。一方、日本の文系で100位に入る学部学科は存在しません）。

　[鈴木寛「「大学に文系は要らない」は本当か？　下村大臣通達に対する誤解を解く（下）」（ダイヤモンドオンライン、2015.8.17）https://diamond.jp/articles/-/76706?page=4]

　鈴木寛さんのダイヤモンドオンラインの文章は、理系国立重視、私立大学は文系重視、日本の大学は競争力がない、ということを上品な言葉で書いてあるわけです。

　図9です。これはアメリカの産業の変遷です。日本はあまり変わっていないのですが、日本は不景気なのにアメリカの景気が良いのはなぜかというと、アメリカは新しいスタートアップがどんどんできてくるからです。だから30年前に有名な会社っていうのはほとんどなくなっちゃっている。産業の入れ替わりがちゃんと起こっているわけですね。これを日本もできるようにしないと多分ダメなんだろうと。

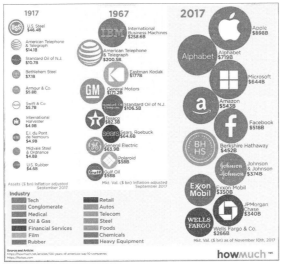

図9　A Century of America's Top 10 Companies, in One Chart より
https://howmuch.net/articles/100-years-of-americas-top-10-companies

■ 現状の変化 ── 自分が高校生のころとの変化（議論の前提２）

　次に図10をご覧ください。今更の話ですけれども人口の激減です（①）。それと国際化の進行というのが本当に深刻に進んでいる（②）。加えて日本の競争力の低下（③）。国際化の進行というのは結局、私も通信会社にいたことがありますけれど、通信料金がタダになった、物流が簡単になった、航空運賃が安くなった。だからボーダーレスになっちゃったわけですね。昭和の時期は、実質的には鎖国状態で、航空運賃とか電話料金が高かった。でもいまはそうではない。①〜③によって、教育の能率化ということが要求されているんだろう。そうしないと日本は本当に貧乏になってしまいます。

　この会場を見ると私よりも年下の人が結構いるのではないかと思いますが、昭和の時代は基本的に年功序列・終身雇用・男女雇用不均衡が当たり前だったんですね。当たり前だと感じていた世代は結構少なくなっちゃっ

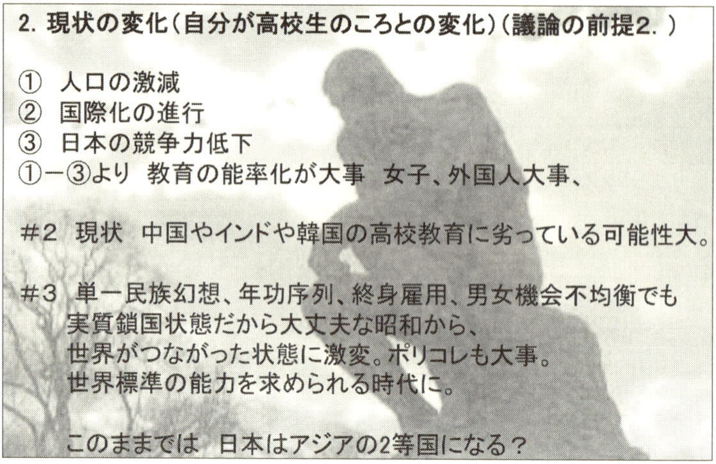

2. 現状の変化（自分が高校生のころとの変化）（議論の前提2．）

① 人口の激減
② 国際化の進行
③ 日本の競争力低下
①－③より　教育の能率化が大事　女子、外国人大事、

#2　現状　中国やインドや韓国の高校教育に劣っている可能性大。

#3　単一民族幻想、年功序列、終身雇用、男女機会不均衡でも
　　実質鎖国状態だから大丈夫な昭和から、
　　世界がつながった状態に激変。ポリコレも大事。
　　世界標準の能力を求められる時代に。

　　このままでは　日本はアジアの2等国になる？

図10

ているかもしれませんけれど、時代はずいぶん変化したんです。

　そういった、世界につながった日本に否応なくなった時に、何か考えなきゃダメだろうと。外国とのインターフェースを持っている人は本当に感じていると思いますが、いま日本は比較的シニアな人の惰性でもっていますよね。これでは若い人が中国とかインドとかあるいは東南アジア諸国とガチンコで戦わなければならなくなった時、戦えるように正直思えません。危機的だと感じています。これは見えている人には見えていると思います。

　ここでの補足ですけれど、日本の英語力は、測り方によるんですけれど、世界でもかなりひどい方です。日本の女性社会進出度も低い方。120位くらい。ボトムに近いですね。労働生産性っていうのは、かつて3位だったのがいま30位くらいです。

　次に図11です。大体日本の英語レベル（TOEFL Score）は、カンボジアレベルです。上段の左のグラフの26位です。右のグラフは、「大学・大学院卒者の正規職員率」ですが、ここから女性の社会進出度を読み取ると、下の下降するのが女性の線ですが、卒業してからある程度年を経つともう引きこもっていってしまうことが分かります。下のグラフはネットから拾っ

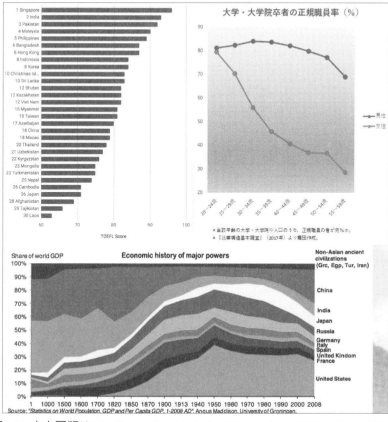

図11　左上図版は http://takusantakutaku.hatenablog.com/entry/2018/01/01/214611
右上図版は「日本の大卒女性の正社員率は、母親世代では中東レベルの低さ」
（Newsweek Japan）より
https://www.newsweekjapan.jp/stories/world/2017/11/post-8805.php

てきたんですけど、JapanのベルトとChinaのベルトに注目してください。日本は一時期景気が良かったですが危ない状態になっています。これは中国、インドが長い歴史の中で本当の力を取り戻したっていう考え方ができるかもしれません。いまの大学生は、その親の世代でも悪い生活を歩み出している最初の日本人になっているとも言えるのです。これをこのまま放置していいのだろうかと思うのです。

Japanese and Philippines Population

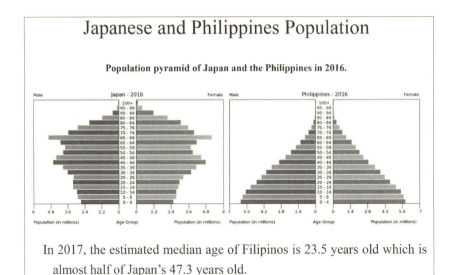

In 2017, the estimated median age of Filipinos is 23.5 years old which is almost half of Japan's 47.3 years old.

Central Intelligence Agency, The World Factbook

図 12

ASEAN Population

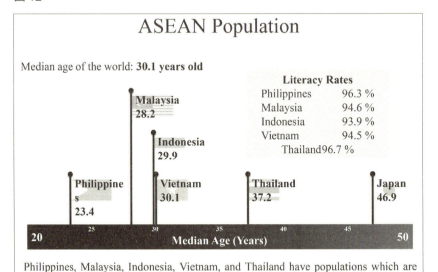

Philippines, Malaysia, Indonesia, Vietnam, and Thailand have populations which are more than 10 years younger than Japan.

The World Factbook (https://www.cia.gov/library/publications/the-world-factbook/)

図 13

図 12 をご覧ください。人口だけではなく平均年齢で比べて見ると、日本とフィリピンは、平均年齢 25 歳の国と 45 歳オーバーの国、ということです。まずいですね。他のアジアの地域と比べたのが図 13 です。とにかく日本は 1 億人いてもほとんど高齢者であるということです。

■**古典はなぜいらないか —— ほかの科目に時間を譲るべきか**

図 14 です。そういうことを考えたら、教育の改革、歩留まり、能率化というのは待ったなしである。高校生にはもっと役に立つ学ぶべきことがあるはずです。例えば国語でしたら、企画書、発表、議論。これができた方が短歌とか読めるよりもいいんじゃないのかと。国語教育のベクトルが間違っているんじゃないのかと。あと英語力は発表下手、議論下手ということもあって、本当につらいです。

あとポリコレのセンスです。部活もそうですけれど、年功序列とか男女差別とか、そういうところの概念の権威化を行っているような感じがします。いろいろなアメリカの映画の中で、ジョン・ウェインのインディアンの映画が上映できなくなったみたいなセンスで、もう少しコンテクストを

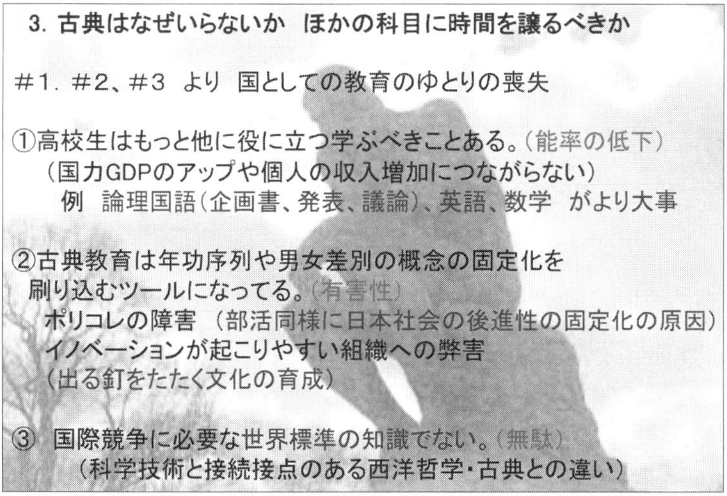

3. 古典はなぜいらないか　ほかの科目に時間を譲るべきか

#1、#2、#3 より　国としての教育のゆとりの喪失

①高校生はもっと他に役に立つ学ぶべきことある。（能率の低下）
　（国力GDPのアップや個人の収入増加につながらない）
　　例　論理国語（企画書、発表、議論）、英語、数学　がより大事

②古典教育は年功序列や男女差別の概念の固定化を
　刷り込むツールになってる。（有害性）
　　ポリコレの障害　（部活同様に日本社会の後進性の固定化の原因）
　　イノベーションが起こりやすい組織への弊害
　　（出る釘をたたく文化の育成）

③　国際競争に必要な世界標準の知識でない。（無駄）
　　（科学技術と接続接点のある西洋哲学・古典との違い）

図 14

選んでいかなきゃいけないんじゃないかと。

次は図15です。これはSDGsっていう、最近いろんな予算書に出てくる言葉ですけれども、この5番と10番。平等と格差の固定というところに、日本の古典は大抵反しているのではないだろうか。「やむごとなき」という言葉は、学校では教えてはいけないんじゃないかと思います。

それで結構リベラルだと思っている人でも、図16のような状況、年下、

図15

図16

女性、外国人特にアジア系の上司ができたらへこむか。あるいは私の近所の人たちにもいますが、同業者で自分の配偶者の方が自分よりも先に教授になったりとか、給料が上がったりするとへこむ人が結構多いんです。これはやはり古典教育、あるいは儒教的マインドの弊害だと思います。

■ どうすればいいと思っているのか（哲学は現代文、情緒的古典は芸術科目選択に）

　ではどうすればいいのか。図17をご覧ください。哲学で、諸行無常とか悪くない概念があると思うんですが、こういった哲学の部分は現代社会か何かに持っていって、情緒的な古典は選択の芸術科目にするべきではないか。古典を知らないというのはもったいないかもしれないので、触れたい人には副読本か何かで配っておいて見れば、というものでいいと思います（①）。

　そういう意味で③の活用の仕方は、古典は大学のコスパのいい学術としては悪くないんでしょうから、そういう目線で一部の大学でやってもいいんじゃないだろうか。あと私も日本人で日本の魅力をいろいろ外国人にアピールする時に、コンテンツビジネスっていうのは結構あると思うんです

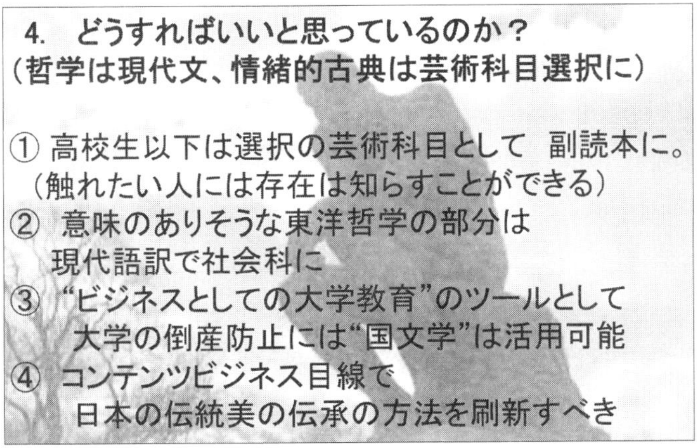

---

4. どうすればいいと思っているのか？
（哲学は現代文、情緒的古典は芸術科目選択に）

① 高校生以下は選択の芸術科目として　副読本に。
　　（触れたい人には存在は知らすことができる）
② 意味のありそうな東洋哲学の部分は
　　現代語訳で社会科に
③ "ビジネスとしての大学教育"のツールとして
　　大学の倒産防止には"国文学"は活用可能
④ コンテンツビジネス目線で
　　日本の伝統美の伝承の方法を刷新すべき

図17

ね（④）。コンテンツビジネス的な文書だけではなくいろんなものがあると思うので、そのディスプレーの仕方も考えた方がいい。

　うまくいっていると思われるものは、日本の図工とか美術の教科書があります。配っておくだけで何も説明しない。でもあとになったら「あれ、あの絵見たことあるぞ。結構いいぞ」っていうのはあると思います。

■ 問題点（縦割り、前例主義、既得権益）

　いまの高校教育の問題点です（図18）。例えば、数学で「行列がなくなった」というのは関係者はほとんど知らなかったんです。教育システムは議論、変化の時の縦割り制がひどいと感じます。しかも効果検証がきちんとできていない。これは自分にも当てはまるのですが、大学教員に大学入試改革を考えさせるというのは極めて難しいことですね。科目を変えるとか配点を変えるとか、非常に難しいです。こういうことをちゃんと意見交換と検証できるようにしたいと考えます。

■ これから（確認作業、意見交換、教育政策への反映）

　それをどうするか。図19・20です。例えばいろいろな科目の単元を何かを1時間削って教えるとした時に、どれを教えたらその高校生が最も分かりやすく幸せになれるの？ということを検証してフィードバックするアルゴリズムがいるでしょう。

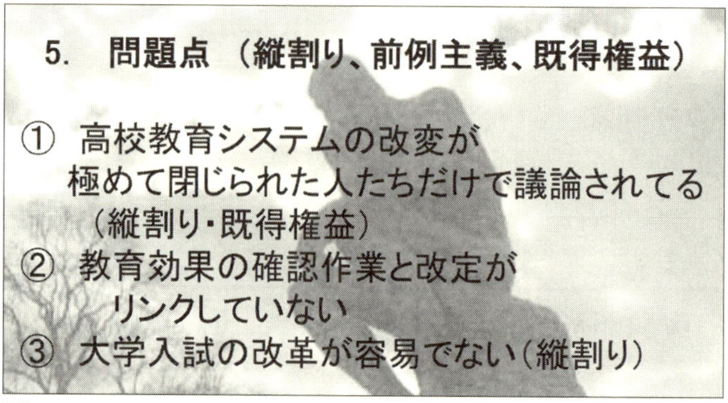

図18

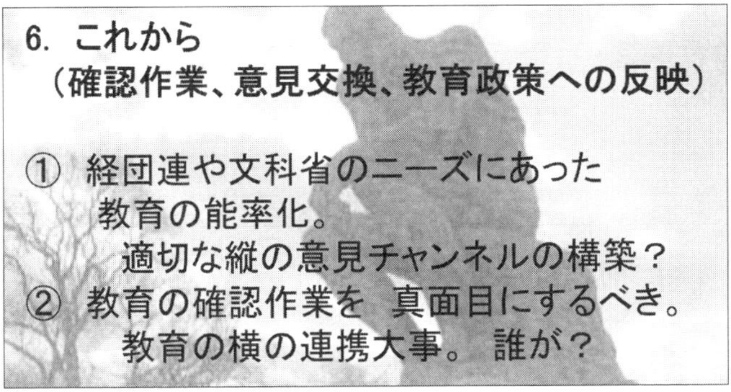

6. これから
（確認作業、意見交換、教育政策への反映）

① 経団連や文科省のニーズにあった
　教育の能率化。
　　適切な縦の意見チャンネルの構築？
② 教育の確認作業を　真面目にするべき。
　　教育の横の連携大事。　誰が？

図 19

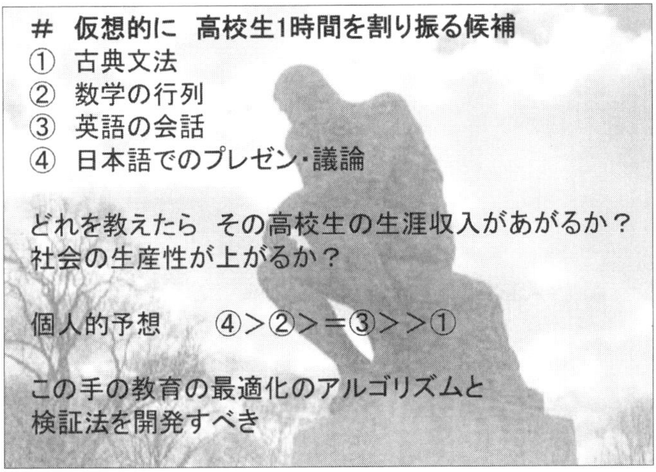

＃　仮想的に　高校生1時間を割り振る候補
① 古典文法
② 数学の行列
③ 英語の会話
④ 日本語でのプレゼン・議論

どれを教えたら　その高校生の生涯収入があがるか？
社会の生産性が上がるか？

個人的予想　　④＞②＞＝③＞＞①

この手の教育の最適化のアルゴリズムと
検証法を開発すべき

図 20

■ 最後に

　図21は質問のランダムリストなんですが、パネルディスカッションの時に議論したいと思います。

　図22はなくなったもの、教育の中で消えたものを列挙して、こういうものと古典で何が違うのかっていうことを検討できるようにしたものです。こういったことから古典を考えていってもいいんじゃないか、というところで、とりあえず時間ですので終わらせていただきます。

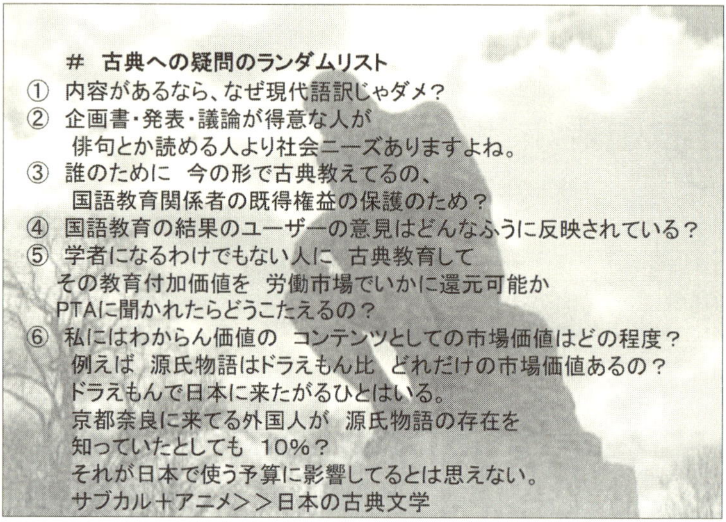

＃ 古典への疑問のランダムリスト

① 内容があるなら、なぜ現代語訳じゃダメ？
② 企画書・発表・議論が得意な人が
　　俳句とか読める人より社会ニーズありますよね。
③ 誰のために　今の形で古典教えてるの、
　　国語教育関係者の既得権益の保護のため？
④ 国語教育の結果のユーザーの意見はどんなふうに反映されている？
⑤ 学者になるわけでもない人に　古典教育で
　　その教育付加価値を　労働市場でいかに還元可能か
　　PTAに聞かれたらどうこたえるの？
⑥ 私にはわからん価値の　コンテンツとしての市場価値はどの程度？
　　例えば　源氏物語はドラえもん比　どれだけの市場価値あるの？
　　ドラえもんで日本に来たがるひとはいる。
　　京都奈良に来てる外国人が　源氏物語の存在を
　　知っていたとしても　10％？
　　それが日本で使う予算に影響してるとは思えない。
　　サブカル＋アニメ＞＞日本の古典文学

図21

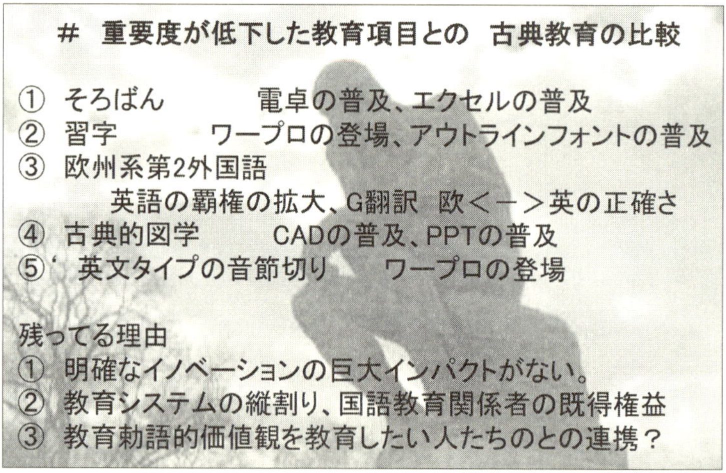

＃ 重要度が低下した教育項目との　古典教育の比較

① そろばん　　　　　電卓の普及、エクセルの普及
② 習字　　　　　ワープロの登場、アウトラインフォントの普及
③ 欧州系第2外国語
　　　　　英語の覇権の拡大、G翻訳　欧＜－＞英の正確さ
④ 古典的図学　　　　CADの普及、PPTの普及
⑤' 英文タイプの音節切り　　　ワープロの登場

残ってる理由
① 明確なイノベーションの巨大インパクトがない。
② 教育システムの縦割り、国語教育関係者の既得権益
③ 教育勅語的価値観を教育したい人たちのとの連携？

図22

古文・漢文より国語リテラシー

前田賢一

■ 定義 ── 古典と古文とは違う

　ご紹介いただきました前田です。最初に古典とは何か、というところから話をしたいと思うのですが、われわれ理系の人間は言葉を使う時にきちんと定義をしてから使います（図1）。古典というのは英語では Classic なんですけれども、日本語の国語の中における古典というのは、いわゆる古文・漢文と言われている分野のことを指しています。ただそう言うと、クラシック音楽の趣味の人とかクラシック美術の趣味の人から文句が出るかもしれないので、ここでは古典というのは「過去に表現された立派な内容です」というふうに、私の講演の中ではこういう言葉として使わせていただきます。ですから例としては、もちろんその古文・漢文に属する『源氏物語』は筆頭に入っていますけれども、ニュートンが著した『プリンキピア』ですとか、あるいはベートーヴェンの第五ですとか、あるいはダヴィンチの最後の晩餐、ミロのビーナス、こういった

図1

ものが全部古典という分野に私の話の中では入っています。

　一方古文というのは、古典が書かれた言語です。例としてはもちろん古い日本語もありますし、それから漢文もあります。それからギリシャ語ですとかラテン語、こういうものは全部古文であるというふうに定義をさせていただきます。それで図1に書いてありますけれども、私の主張というのは、古典というのは、猿倉さんは否定的なこともおっしゃいましたけれども、内容で評価しましょう。内容というのは古い言葉で表さなくても、現代文で表せば十分でしょうというのが一つの主張です。

　もう一つは、これは猿倉さんと全く同じ話になってしまいましたけれども、高校以降の古文・漢文というのは選択制にしましょうというのが主張です。それぞれの主張につきましては、これから細かくお話したいと思います。

■ **古文なしで文化を理解できない？**

　さて図2です。古文と古典は違うと言ったんですけれども、古文のファンの方や古文を一生懸命やっていらっしゃる方には「いやいや、古文がないと、古いものを、文化っていうものを理解できないよ」とおっしゃる方がいらっしゃいます。本当でしょうか。確かにそれは一面の真理があります。古文でないと分からない微妙なニュアンスというのは確かに存在するんです。ではその細かなニュアンスというものを

古文なしで文化を理解できない？

● 確かに古文でないとわからない微妙なニュアンスもある
　● それを知る必要のある人は限られる
　　● 例：学術論文の原著を読む必要があるのは，その分野の専門家．多くの場合は，古典の思想を説明した解説書で十分
　● もし本当に原文が必須なら，ギリシャ語もラテン語も知る必要がある
● 現代語でも翻訳でも優れた思想は理解できる
　● 外国人でもノーベル文学賞を取れる

図2

知る必要がある人は誰でしょうか、ということを考えてみます。

　例えば私たちは理系の古典と言われているような文献を読んだりもするわけですけれど、本当の古典の文献、先ほど例に挙げましたニュートンの『プリンキピア』を誰か原文で読みましたか？と言ったら、恐らく私の知っている理系の研究者の中で読んだ人は誰もいないわけです。物理の歴史を研究している人にとっては非常に重要な文献なんですけれども、われわれはニュートンの力学が書かれた教科書、言ってみれば解説書を勉強しておしまいにしているというのが、現状です。それと同じことじゃないんですか？というのが一つの意見になります。

　要するに古文・漢文が必要だというのであれば、それを必要としているのは誰なんでしょうか？古い歴史を研究している人なんですか？それとも現代の社会に生きているわれわれ全部が原典にあたる必要があるんですか？ということを問わなくてはいけないというふうに思います。

　もし本当に原文が必要であるとするならば、英語で書かれた文章も元のギリシャ語ですとかラテン語の文章で読む必要があるわけでして、それを問題にしなくてはならない。あるいはノーベル文学賞というのは外国の方も取るわけですけれども、これらを私たちの多くは翻訳されたもので読んでいるわけですね。「原語じゃなければ分かりません」と言われたら、そんなことはあり得ないわけでして、ノーベル文学賞を外国人が取れるという段階ですでに、優れた内容というのは翻訳をしたあとでもちゃんと通じます、という傍証になっているわけでございます。

■ 源氏物語（桐壺）冒頭

　さて図3をご覧ください。源氏物語（桐壺）冒頭です。左側は京都大学貴重資料デジタルアーカイブにあったところから持ってきました。非常にきれいな、私は読めないんですけれどもサラサラと芸術的に書かれた文章があります。これだと私は読めません。右には「学ぶ・教える．ＣＯＭ」から引いたものです。上が原文で、下が現代語訳なんですが、見ていた

図3

だくと現代語訳の方がずいぶん長いですね。ですから確かに古文で、元の文を見た方がいいことは、あることはあるだろうというのは理解できます。しかし先ほど申しましたように、それが必要なのは誰ですか？というのが問題になるわけです。

■ニュートン『プリンキピア』

　図4はニュートンの『プリンキピア』の表紙です。分かる人は「あ、ラテン語で書かれている」というのが分かると思います。イギリス人なんですけれどもラテン語で書きました。これは日本の古い文献がやはり漢文で書かれたということと同じだと思います。図5はラテン語の印刷したものと、それの英語訳です。ちょっとご覧になりにくいと思うんですけれども、訳文の量だけ見てください。やはりラテン語の

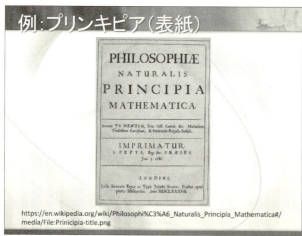

図4

例・プリンキピア（定義）冒頭

Definitiones.

Def. I.

Quantitas Materiæ est mensura ejusdem orta ex illius Densitate & Magnitudine conjunctim.

Aer dupla densior in duplo spatio quadruplus est. Idem intellige de Nive et Pulveribus per compressionem vel liquefactionem condensatis. Et par est ratio corporum omnium, quæ per causas quascunque, diversimode condensantur. Medii interea, si quod fuerit, interstitia partium libere pervadentis, hic nullam rationem habeo. Hanc autem quantitatem sub nomine corporis vel Massæ in sequentibus passim intelligo. Innotescit ea per corporis cujusque pondus. Nam ponderi proportionalem esse reperi per experimenta pendulorum accuratissime instituta, uti posthac docebitur.

Def. II.

Quantitas motus est mensura ejusdem orta ex Velocitate et quantitate Materiæ conjunctim.

Motus totius est summa motuum in partibus singulis, adeoq; in corpore duplo majore æquali cum Velocitate duplus est, et dupla cum Velocitate quadruplus.

Def. III.

Materia vis insita est potentia resistendi, qua corpus unumquodq;, quantum in se est, perseverat in statu suo vel quiescendi vel movendi uniformiter in directum.

http://www.gutenberg.org/files/28233/28233-pdf.pdf?session_id=b0d97df713dea7bd8d83bd376d69ec4c0e5b17e1

DEFINITIONS.

DEFINITION I

The quantity of matter is the measure of the same, arising from its density and bulk conjunctly.

Thus air of a double density, in a double space, is quadruple in quantity; in a triple space, sextuple in quantity. The same thing is to be understood of snow, and fine dust or powders, that are condensed by compression or liquefaction; and of all bodies that are by any causes whatever differently condensed. I have no regard in this place to a medium, if any such there is, that freely pervades the interstices between the parts of bodies. It is this quantity that I mean hereafter everywhere under the name of body or mass. And the same is known by the weight of each body; for it is proportional to the weight, as I have found by experiments on pendulums, very accurately made, which shall be shewn hereafter.

DEFINITION II.

The quantity of motion is the measure of the same, arising from the velocity and quantity of matter conjunctly.

The motion of the whole is the sum of the motions of all the parts; and therefore in a body double in quantity, with equal velocity, the motion is double; with twice the velocity, it is quadruple.

DEFINITION III.

The vis insita, or innate force of matter, is a power of resisting, by which every body, as much as in it lies, endeavours to persevere in its present state, whether it be of rest, or of moving uniformly forward in a right line.

https://en.wikisource.org/wiki/The_Mathematical_Principles_of_Natural_Philosophy_(1846)/Definitions

図5

方がちょっと短いんですよね。ということは現代語訳をするよりも元の言葉で読んだ方がいい部分があることはあるようです。ただしこれをラテン語で読みますか？実は読みたくてラテン語の辞書を買ったんです。チンプンカンプンというのは、英語で言うと"Greek and Latin"って言うんですけれども、まさにギリシャ語、ラテン語って分かりにくいものですよね。われわれもジョークで「珍文、漢文」なんて言っているんですけれども、全く分かりませんでした。文法を知らないで辞書だけ見ても読めないわけでして、数ページ読んですぐ投了しました。ですからこの英語の文さえ私は読んでおりません。日本語で書かれた教科書を読んで「あ、そうか。ニュートンはこんなこと考えたのか」ということを理解しただけです。

■古文でないと伝わらないというものがある――古文を勉強したら伝わるか？

では逆の質問をしてみたいと思います。古文でないと伝わらないというものがありますよ。分かりました。では古文を勉強したら伝わりますか？という問いを出したいと思います。結論としては、伝わるものも伝わらないものもあります（図6）。

実は古文をやるよ、漢文をやるよと言ったらもっと古いもの、甲骨文字が中国にありますよね、あそこまでたどらなくていいんですか？という疑問が出てくると思うんです。でもそれはどこまでいってもやはり限りがな

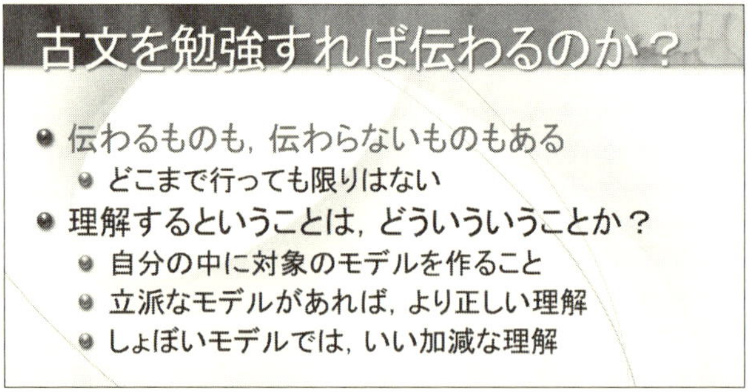

> ## 古文を勉強すれば伝わるのか？
>
> - 伝わるものも，伝わらないものもある
>   - どこまで行っても限りはない
> - 理解するということは，どういうことか？
>   - 自分の中に対象のモデルを作ること
>   - 立派なモデルがあれば，より正しい理解
>   - しょぼいモデルでは，いい加減な理解

図6

いということで、伝わるものも伝わらないものもあるという例をこれからのお話でします。

その前にわれわれが何かものを見たり、聞いたりして理解するというのは一体どういうことかというのを考えてみたいと思います。理解するというのは、自分の頭の中に何かその外界・対象のモデルを作るということなんです。そのモデルが立派であればより深い理解ができるわけですし、ショボいモデルでしたらいい加減な理解しかできないということになるわけです。

■バカとアホは同じか？

　図7です。簡単な例からお話しします。われわれはバカという言葉もアホという言葉も知っているわけですね。バカとアホっていう意味を知らない人はいないと思うんですが、バカとアホって同じですか？という疑問を投げかけてみましょう。

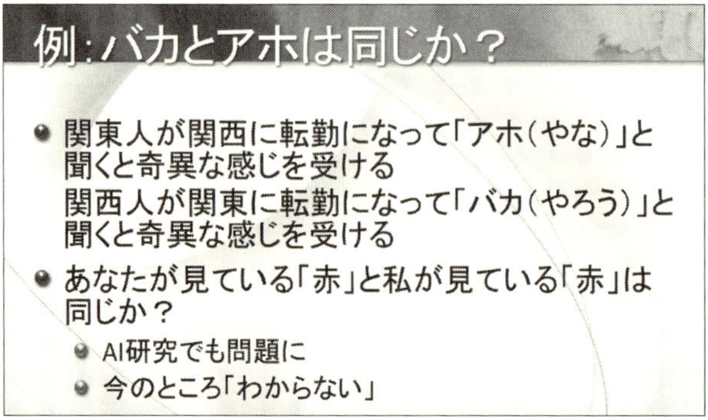

> ## 例：バカとアホは同じか？
>
> - 関東人が関西に転勤になって「アホ（やな）」と聞くと奇異な感じを受ける
>   関西人が関東に転勤になって「バカ（やろう）」と聞くと奇異な感じを受ける
> - あなたが見ている「赤」と私が見ている「赤」は同じか？
>   - AI研究でも問題に
>   - 今のところ「わからない」

図7

私は実は子どものころ、京都で育っておりまして、猿倉さんは関東で育って関西に行かれたので逆だと思うんですけれども、関東人が関西に転勤になって

いきまして「アホやなぁ」って言われるとなんか日ごろ「バカ野郎」と言われたのと違う感じを受けるんですよね。逆に関西の方が関東に転勤になってきて「バカ野郎」って言われると、「なんかキツイこと言うなぁ」という気がするかもしれません。

　実はこの問題というのは、根源的なところで、いま流行の人工知能で話題になってる問題につながっていきます。例えば「赤い色」という例があります。例えば赤い服を着ている方がいらっしゃったら、私が見ている「赤い色」というのと、あなたが見ている「赤い色」というのは同じなのか、という問題があります。もしかすると誰かはドクドクと赤い血を流しているのを見て「あ、怖いな」という感じを持ったかもしれません。誰かは自分の恋人が赤い服を着ているのを見て「ああ、いい色だな」と思ったかもしれません。あなたが見ている赤と私が見ている赤は同じか、というのは検証の方法がないわけで、「分からない」というのが現状です。同じように私がいま「バカ！」って言った時に、私が聞いたバカとあなたが聞いたバカというニュアンスが同じかどうかというのは実は誰も分からないわけです。

■「ハム」という言葉を聞いて何を思い出すか

　次の例に行きます。今度は現代文です。図8です。「ハム」という言葉を知らない方はいないと思いますけれども、皆さん食べている方もいるし、今日食べて来られた方もいらっしゃるかもしれません。「ハム」と聞いて何を思い出

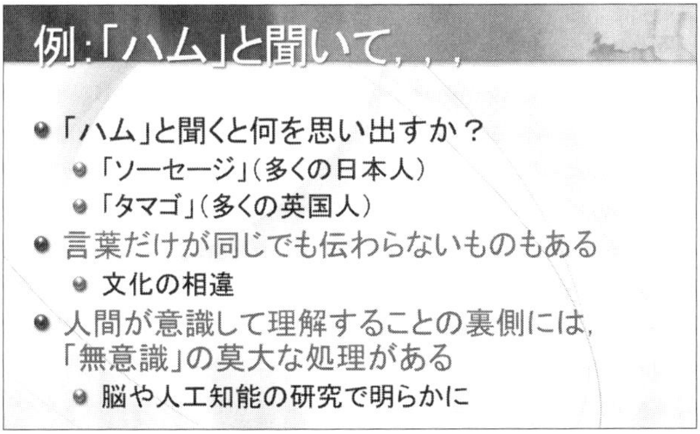

例・「ハム」と聞いて、、、

- ● 「ハム」と聞くと何を思い出すか？
  - ● 「ソーセージ」（多くの日本人）
  - ● 「タマゴ」（多くの英国人）
- ● 言葉だけが同じでも伝わらないものもある
  - ● 文化の相違
- ● 人間が意識して理解することの裏側には、「無意識」の莫大な処理がある
  - ● 脳や人工知能の研究で明らかに

図8

すかと言うと、結構日本人の多くは「ソーセージ」って言うんですよね。なぜか。ハムもソーセージも大体同じ売り場に売られているから。ところが英国人は「ハム」と聞くと「ハムエッグ」で卵を思い出しちゃうんです。それはわれわれがその言葉を聞いた時に頭の中で起こっている処理がありまして、そこには意識する／しないに関わらずいろんなことが起こっています。最近の脳の研究や人工知能の研究で分かってきたのは、われわれが意識して「あ、これだ！」って聞いたりしゃべったりしている言葉の裏側で、頭の上に意識に上らない処理はその何倍、何十倍あるいは何百倍も行われているということが知られています。言葉も同様で、「ハム」っていう言葉は辞書に書いてあるよ、「アホ」っていう言葉は辞書に書いてあるよ、と言ってみても実は何も始まらないんですよね。もしかすると『源氏物語』に出てくる何かある言い方を聞いた時に、われわれは古語辞典を調べると意味が分かるんですが、それが本当にどういう意味なのかというのは平安時代に戻らないともしかしたら分からないかもしれない。そういう疑問もあるわけです。ですからどこまで行ってもキリがないというふうに申し上げたわけです。

■古文を知らないと一流ではない？

次の話題に移りますけれども、図9です。よくこういう言い方もします。「いや〜古文なんか知らないやつって教養がないんだから一流じゃないんだよ」。こういう言い方をすると、外国から来られた方っていうのは日本の古文をほとんど知らないわけですから、みんな一流じゃないんです

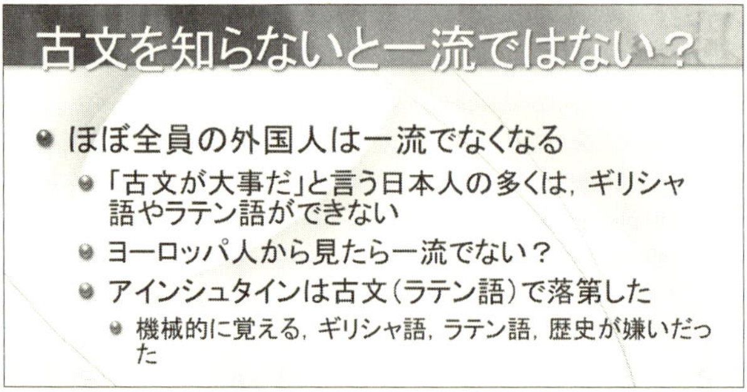

古文を知らないと一流ではない？

- ほぼ全員の外国人は一流でなくなる
  - 「古文が大事だ」と言う日本人の多くは，ギリシャ語やラテン語ができない
  - ヨーロッパ人から見たら一流でない？
  - アインシュタインは古文（ラテン語）で落第した
    - 機械的に覚える，ギリシャ語，ラテン語，歴史が嫌いだった

図9

よね。逆に日本で古文が大事だ大事だと言っている方や、漢文が大事だと言っている方たち、ではあなたはギリシャ語、ラテン語が読めますか？そう言いますと、ほとんど読む方はいらっしゃらないだろうと思うわけです。もちろん読める方はいらっしゃると思いますけれども、大勢の方、例えば高校の古文の先生方でギリシャ語、ラテン語を読める方は何人いるでしょうか。ヨーロッパ人から見たら「あんた一流じゃないね」って言われるかもしれません。でもそうでもないですよね。

例えば有名なアインシュタインという物理学者がいましたけれども、彼は日本語で言えば古文にあたる、ラテン語の試験で落第をしました。成績が悪かったので、うまく日本の大学のような、ギムナジウム（Gymnasium）という教育機関に入れなかったんですよね。彼は機械的に覚えるギリシャ語、ラテン語あるいは歴史というのは大嫌いでした。でも「アインシュタインは一流じゃないよ」なんて言う人はきっと誰もいないですね。

■ **古文は教養である？**

さて「古文というのは教養ですよ」という言い方をされる方もいらっしゃいます。その通りです。実は教養というのはたくさんありまして（図10）、外国語も教養です。猿倉さんはドイツ語のお話をされていましたけれども、例えば「漢文よりも現代中国語の方が役に立つよ」なんて言っている人もいるわけです。あるいは皆さんの中にはオペ

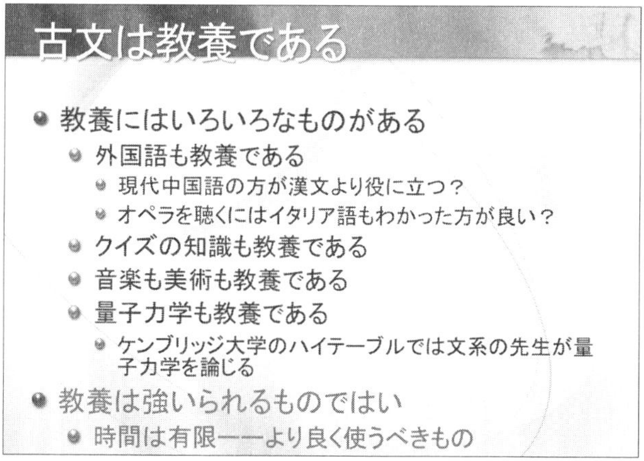

古文は教養である

● 教養にはいろいろなものがある
　● 外国語も教養である
　　● 現代中国語の方が漢文より役に立つ？
　　● オペラを聴くにはイタリア語もわかった方が良い？
　● クイズの知識も教養である
　● 音楽も美術も教養である
　● 量子力学も教養である
　　● ケンブリッジ大学のハイテーブルでは文系の先生が量子力学を論じる
● 教養は強いられるものではい
　● 時間は有限——より良く使うべきもの

図10

ラのファンの方もいらっしゃると思いますけれども、「いやぁ、オペラ聴くんだったらイタリア語分からないとね」という方もいらっしゃるかもしれません。あるいは最近は「東大王」なんていうクイズ番組がありますけれども、かっこいい東大生が出てきて私もファンなんですけれども、そういうクイズの知識も教養なんですね。もちろん猿倉さんが例に出された美術ですとか音楽ですとか、これも教養です。実は量子力学なんていうのも教養なんです。

　イギリスのケンブリッジ大学に知り合いがいるんですけれど、ケンブリッジ大学にハイテーブルディナーというのがありまして、先生方がガウンを着て食事をされるところなんですが、そこでは文系の先生が何と量子力学を論じる、と。これは教養なんですよね。教養といってもたくさんありまして、そういう観点からすると教養は強いられるもの、「これ絶対にやりなさいよ」というのではなくて、やはり自分が「これはいいなぁ」「こういう知識を知りたいな」「私はオペラが好きだからイタリア語を勉強したいな」「私は絵が好きだから古典の美術が知りたいな」と、そういうふうに学んでいくものだと思います。先ほどの猿倉さんと同じ意見になりますけれども、高校生が使える時間というのは限られています。いろいろとやらなくてはいけないことがあるんですが、その中で古文や漢文に本当に時間を使っていいんですかという疑問を投げかけたいと思います。

■ 国語にはリテラシーと芸術がある

　さて国語の話題に移りますけれども、国語というのはリテラシーとしての国語と芸術としての国語があります（図11）。私もいま日本語で講演しているわけですけれども、最低限のリテラシーとしての日本語、猿倉さんの例で言うと、外国から来た学生さんたちに理解してもらいたいということ、それが恐らく最低限の日本語だと思います。大事なのはやはり事実を伝える。自分の希望ですとか、やりたいこと、あるいは相手がこうやってほしいなと思ったことがちゃんと客観的に明確に理解できるということが

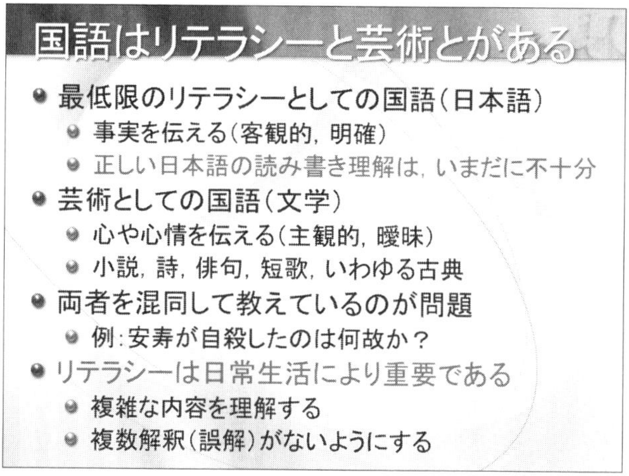

国語はリテラシーと芸術とがある

- 最低限のリテラシーとしての国語（日本語）
  - 事実を伝える（客観的, 明確）
  - 正しい日本語の読み書き理解は, いまだに不十分
- 芸術としての国語（文学）
  - 心や心情を伝える（主観的, 曖昧）
  - 小説, 詩, 俳句, 短歌, いわゆる古典
- 両者を混同して教えているのが問題
  - 例：安寿が自殺したのは何故か？
- リテラシーは日常生活により重要である
  - 複雑な内容を理解する
  - 複数解釈（誤解）がないようにする

図 11

大事なわけですね。正しい日本語の読み・書き・理解というのが大事なんですが、これはまだ不十分だという説があります。われわれの研究分野の仲間でもありますけれども、新井紀子さんという女性の人工知能の研究者がいらっしゃって、『AI vs. 教科書が読めない子どもたち』（東洋経済新報社、2018 年）という本を書いておられます。リテラシーの部分の教育が不足しているところで、芸術としての国語ばかりがあまりにも重視されているんじゃないかというのが私の意見になります。

■ 芸術としての文学

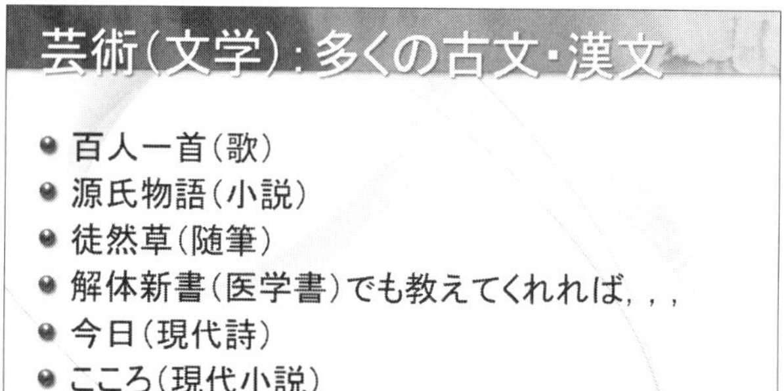

芸術（文学）：多くの古文・漢文

- 百人一首（歌）
- 源氏物語（小説）
- 徒然草（随筆）
- 解体新書（医学書）でも教えてくれれば, , ,
- 今日（現代詩）
- こころ（現代小説）
- 俳句, 短歌
- 待つということ（随想）
- 評論（文学以外）

図 12

図 12 は文学、いわゆる芸術としての内容ですね。ここには現代文も入っています。多くの古文・漢文が全部これに含まれますし、それからここに挙げましたように、われわれ

の現代国語と呼ばれたものも教科書に出てくるものも、結構文学に属するものが多いんですね。しかし例えば予算書を文学的な表現で書いたりなんかしたらぶっ飛ばされるわけでして、やはりそこはきちんと正確に伝わる、誤解がない伝わり方をするような書き方が必要なわけです。

■ リテラシー —— これを教えてほしい

　ではリテラシーの部分は何か。これを教えてほしいという内容ですね（図13）。例えば新聞の論説の中では、新聞によっていろんなことを主張しています。いろいろなことが書いてあるんだけれども、これはいったい一言で言ったら何なのか。この逆の意見、反対意見は何なのか。こういうことをまとめる力というのは非常に大事だと思います。すでに国語の授業の中でも教えられていると思うんですが、教えていただきたい。あるいは会社に入るといきなり「ビジネス上のメールを書きなさい」ということが起こります。友達との間のメールは日常生活の中でやっているんですけれども、お客さまと予算の話とかあるいは製品の仕様を話し合う。それが正しく伝えられるか。そういうメールの書き方。いまもシンポジウムで、こういう議事を行っているわけですけれども、議事の進め方。国会は全然うまくいっていないですよね。野次を飛ばしたり、議長が指名もしないのに発言をするなど、全くなっていない話で、こういうことを国語の話として教えてもらいたい。プレゼンのやり方もそうです。もしいま私が話している話が非常に分かりにくいとしたら、私

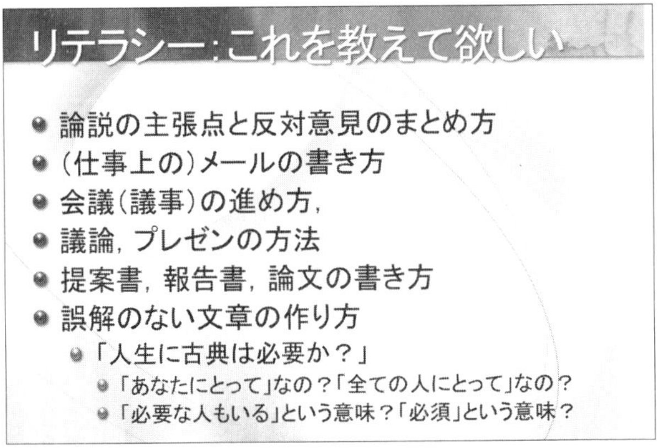

リテラシー：これを教えて欲しい

- 論説の主張点と反対意見のまとめ方
- （仕事上の）メールの書き方
- 会議（議事）の進め方，
- 議論，プレゼンの方法
- 提案書，報告書，論文の書き方
- 誤解のない文章の作り方
  - 「人生に古典は必要か？」
    - 「あなたにとって」なの？「全ての人にとって」なの？
    - 「必要な人もいる」という意味？「必須」という意味？

図 13

はそういうちゃんとした国語の教育を受けてこなかったからだということになるわけです。提案書・報告書あるいは論文の書き方もそうですね。論文の書き方は大学で研究室に所属すると先生が手取り足取り教えてくださるんですけれども、高校を卒業したばかりの学生さんたちは知らないわけなので、こういうのも教えてもらえるといいかなと。

　今回やり取りしている間に、誤解が起こりそうな文章の例をたまたま見つけましたので、申し訳ないんですが例に取らせていただきます。「人生に古典は必要か？」という疑問ですね。ただしこの疑問文は非常に曖昧で、「あなたの人生にとって古典は必要ですか？」という疑問文と「すべての人にとって古典は必要ですか？」という疑問は違う疑問文なんです。ところが「人生に古典は必要か？」と聞かれると、その区別がつきません。その辺りをしっかりと教えてもらえるといいかなと思います。

■ リテラシー ── 日本語と論理

　日本語は論理的じゃないって言われますけれども、ちょっと例を出してみました（図14）。「A は B である」という言い方をしますね。これは「A＝B」じゃないんですね。例えば「人間は動物である」と言いますけれども、逆にして「動物は人間である」とは言えません。ですから図14に余計な式が書いてありますけれども、論理的にはそういう意味なんです。あるいは「熊本県人は我慢強いよ」というような意見も聞きます。地震があって復興を頑張っておられる姿を見て皆さんが「熊本県人は我慢強い」って言うんですね。で

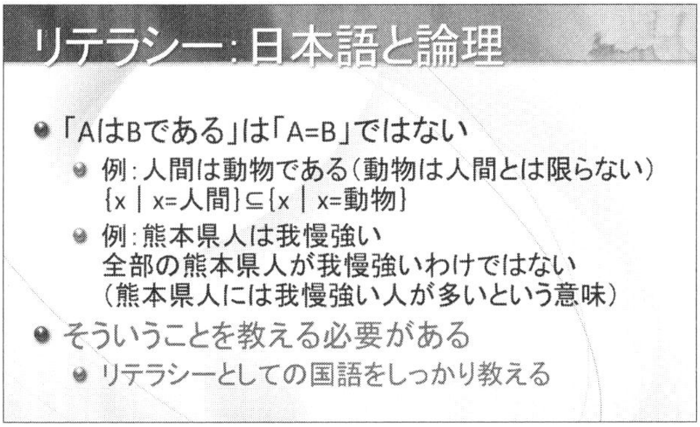

リテラシー：日本語と論理

- 「AはBである」は「A＝B」ではない
  - 例：人間は動物である（動物は人間とは限らない）
    $\{x \mid x=$人間$\} \subseteq \{x \mid x=$動物$\}$
  - 例：熊本県人は我慢強い
    全部の熊本県人が我慢強いわけではない
    （熊本県人には我慢強い人が多いという意味）
- そういうことを教える必要がある
  - リテラシーとしての国語をしっかり教える

図14

もすべての熊本県人が我慢強いわけではなくて、やはり我慢強くない人も
るわけです。熊本県人じゃなくて例えば長野県人にだって我慢強い人もい
るわけです。ですから論理的に一対一ではない、「AはBである」という
言い方をしているわけです。そういう意味だということを、国語の知識と
して教えてもらう必要があるんじゃないかなと思うわけです。

　今回は高校以降の話をしたんですけれども、実は中学までは古典を習っ
てもいいと思っています。中学で習わないと古文・漢文というのがあるこ
とすら分からなくなってしまう。それはやはり惜しいわけです。国文学者
になる方だっていらっしゃいますし、古文・漢文がなければ読めないよう
な古い史料の研究をされる方もいるわけですから、そういうものはやはり
カタログ的な意味として中学までに教えておく必要があると私は思いま
す。高校以降は文学も含めて、芸術科目はやはり時間が有限なので選択に
してほしいな、と。

■ **まとめ**

　最後は図15 です。まとめになりますけれども、国語リテラシーの方を
もっと教えてもらいたいですねというのが私の意見です。ご清聴ありがと
うございました。

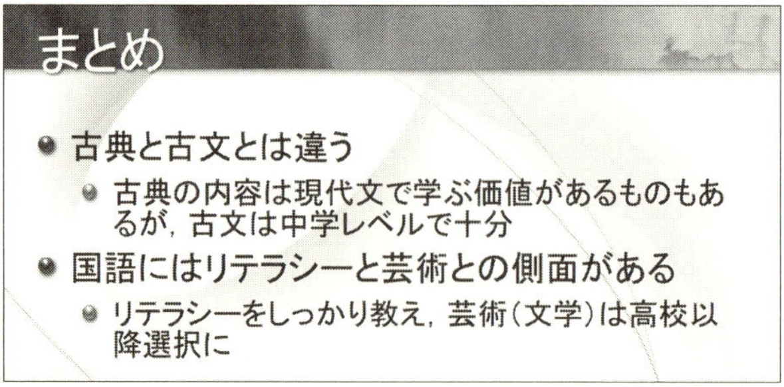

> ## まとめ
>
> - ● **古典と古文とは違う**
>   - ● 古典の内容は現代文で学ぶ価値があるものもあ
>   るが，古文は中学レベルで十分
> - ● **国語にはリテラシーと芸術との側面がある**
>   - ● リテラシーをしっかり教え，芸術（文学）は高校以
>   降選択に

図 15

古典に、参加せよ

渡部泰明

　渡部でございます。こういう時には前置きがあったり、枕を振ったり、まあ良ければ笑いの一つもとってというのが大体私のしゃべり方ですが、今日は時間が限られていますので、前置きも言い訳も笑い話もなく始めます。妙に高揚しています。いまのお2人の先生方のお話を聞いて「ああ、本当にそうだな」と。途中で否定派に変わるかもしれませんが、それはご勘弁ください（笑）。やはりちょっとは笑いも必要でしたね。

■和歌は日本文化の歴史を貫くほど続いた

　私は和歌史を専門としております。和歌がなぜ続いたのかという、千数百年ですね、それだけ続いた原因を探りたいということです。それについて語りたいことは山ほどありますけれども、今日は今回のお話の前提となることだけ申し上げておきたいと思います。まず図1です。二つ挙げておきました、和歌がなぜ続いたかの理由。

図1

　一つ目はそれが参加型の文芸であったこと。すなわち作る人が味わう人であり、味わう人がまた作る人になるというような、いわば無限の連鎖が生じる。何

かそこに主体的に関わることによって、成り立っているということから、境界型と言ってもよいかもしれません。そういうものであったということ。それからもう一つは、いろいろな文化領域と関わっていたということ。それは一つ目の主体的参加型であるということにも関わりますが、さらに関わるのはより広い意味での「教育」です。これは政治的に相手を教え導く、教導する、教化するというようなこと、さらには宗教的に布教する、教義を広めるというようなことをも含めた上で「教育」というものと結び付いていたこと。この2点が重要な理由だと私自身は捉えております。このことを少し考えてみます。

■古典は主体的に幸せに生きるための智恵を授ける

ここで本題の古典の意義（図2）です。「古典は主体的に幸せに生きるための智恵を授ける」。先ほど猿倉さんのお話の中でも出ました「幸せに生きる。そのための方法」という言葉については、まさしくそうだなと私も思います。

かつて私は、小西甚一さんの『古文研究法』で学びましたけれども、その中で「『徒然草』は60歳にならないと分からない」というようなことが書いてあって、高校生の私は何言ってるんだと思いましたが、いまは確かにそう思います。『徒然草』には60歳になると「あぁ〜そうだな」と心の底から共感することがある。

そういった教え方は昔なら許されました。例えば「60までは分からないんだが、でもまあそういうものがあるから覚えとけ」

図2

というようなことは、いまの教育現場では許されないだろうなというように思います。どういう意義があるのか、どういうところが面白いのか、興味深いのかということを学校教育の場で語っていかなければならないということ。これは本当に大事なことだろうと思います。

■ **主体的な幸福 —— 良い仕事を責任ある立場で成す**

じゃあ幸福って一体何だろうか。図3です。幸福にはいろいろあるわけですが、この場合「生活に潤いをもたらす」ということは今日この場で求められていないでしょうから措いておきます。それはやはり「良い仕事をする」という点ではないか。だとすれば、やはり古典は不可欠だろうと思います。それはなぜか。

一つは「指導力」ということを挙げました（①）。この指導力においては、情理を尽くすことが求められる。不条理の「条理」ではなくて、情と理論、論理ですね。これを尽くさないと人を教え導けない。よく学生に言いますけれど、君たち試験を受けたり入社試験を受けたり、いろいろ人に試されているだろうけれども、その時に決して君の真価は問われていない。能力の一部を問われているだけだ。真価が問われる時はもう少しあとにやってくる。その時とは、人を教え導く時だろう。親として、教師として、上司として人を導かなければいけない。その時に理屈だけでは人はついて来ない。かと言って情に流されていても人はついて来ない。やはり情理を尽くすことが必要になるだろう、と。

その時には広い意味での「古典」—— この場合私

主体的な幸福　⇒　良い仕事を責任ある立場で成すこと

①指導力
　情理を尽くすことが求められる。

②優れた着想
　「もつれ」「もやもや」metastabilityをときほぐす。

いずれも心の錯綜状態が母胎となっている。それを深く理解し、活用する言葉と智恵を与えるのが、古典。

図3

が古典と言っているのは、新しい指導要領では「言語文化」というのがありますけれども、この場合文科省が第二次世界大戦ぐらいまでの、小説を含めた文学作品を古典と言っていますので、それでいきたいと思います。そこには漱石も芥川も太宰も入ります —— その古典を学ぶことによって、情理を尽くすということを学ぶのだと私は考えています。

　そしてもう一つ。優れた着想というのが、仕事をする時には絶対に必要になるだろうと思います（②）。そうでない仕事もあるのかもしれませんが、やはり何らかの創意工夫は求められる。ある経営学の方のお話を聞くことがありました。その方が言われるのは、やはり日本の経済はまだ中小企業が支えている、中小企業のオヤジたちというのは、とにかく知恵を出すと。カネは出せないし、そもそも無いんだから、とにかく顧客や仕入れ先などみんなに切られてしまった時には、何か仕事を探してこなければならない。残っている中小企業は、そういう時に仕事を探してくるし、知恵を出す。そういう知恵を出すということが、日本の経済の強みでもあるというようなことをおっしゃっていました。まさしくそうだろうなと。

　私の父親が町工場で零細企業の社長でしたので、確かにいろいろなもの拾ってきては「これは何かに使えるな」と言ってゴミ屋敷みたいになっていましたが、知恵を出す大切さは少なくとも知っていました。知恵を出すってどうやって出すんだろうと考えた時に、心の中にある種モヤモヤとした状態が現れるんじゃないかと思うんですね。そのモヤモヤとした状態も実は大事なのであって、そのモヤモヤとした状態が整理されてくる時に何かアイデアが生まれてくることがあるんじゃないでしょうか。全く思い付きにすぎないんですけれども。そういうモヤモヤとした、心が複雑になって錯綜した状態というのを母胎にして、知恵は生まれる。

　そう考えてみると、これは文学が生まれてくるのと似たような状況だと思います。私の場合は和歌ですので、和歌というのはそういうモヤモヤの作り方がすごく分かりやすくできているので、モデルとして考えてみるこ

とができるんじゃないか。着想の立て方みたいなものですね。それをいま考えているところです。古典はそういう知恵を与えてくれるものではないかと思います。

それは現代文ではダメなのか。そんなことはありません。その前に前近代か近現代かに限らず、古典に値しないものをあえて分けてみます。

古い文書がすべて古典ではないので、やはり「典」でなければいけないということですね。そして古典かどうか判断する一番の基準に置くのは、「共生」という言葉です。共に生きるです。共生を感じさせるものが古典だと思っています。だから現代文学の新しいものでも、共生するということを感じさせる文章であれば、それは古典になっていくだろうな、あるいは古典であってほしいなと思います。

抽象的なことばかり言ってもしょうがないので、具体的に考えていきます。今日は反論のための反論をするつもりはないので、特に教育にそれに携わっている方を一番念頭に置き考えていきます。

■ では何を学ぶのか —— 『徒然草』137段を例に

高校の教育で最も取り上げられることの多い『徒然草』の137段「花は盛りに、月はくまなきをのみ見るものかは」という大変著名な、『徒然草』下巻の冒頭にある文章です。教科書にも大概取り上げられます。私も教科書編集に関わっていますが、これを必ず取り上げます。図4も参考にしてください。ただ困るのはこの段が長いということです。だからまず全文取り上げられ

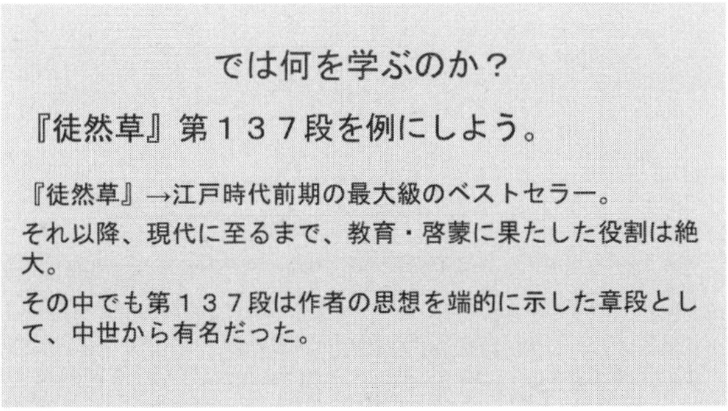

では何を学ぶのか？
『徒然草』第137段を例にしよう。

『徒然草』→江戸時代前期の最大級のベストセラー。
それ以降、現代に至るまで、教育・啓蒙に果たした役割は絶大。
その中でも第137段は作者の思想を端的に示した章段として、中世から有名だった。

図4

ないんですよね。じゃあお前の教科書でそれ取り上げろというとそれは難しいんですが、もし教壇に立っていらっしゃる方は必ず全文取り上げていただきたいということを今日お話ししたいんです。

■冒頭の部分から

まず冒頭の部分をここに挙げました。図5です。「花は盛りに、月はくまなきをのみ見るものかは」ということで、先ほどなんで現代文ではダメなのか、と疑問を申し上げ、投げかけたままにしました。現代文はどんどん使っていいと思います。大いに使うべきだと思います。ただ全部現代文ではちょっと困るんです。やはりそれは言葉に即して物事は考えられているので、言葉を知るという部分ではどうしても必要です。

「花は満開じゃなきゃだめ、月は陰りないのが最高、だなんて誰が決め

　　花は盛りに、月はくまなきをのみ見るものかは。雨に向かひて月を恋ひ、垂れこめて春の行方知らぬも、なほあはれに情け深し。咲きぬべきほどの梢、散りしをれたる庭などこそ、見どころ多けれ。歌の詞書にも、「花見にまかれりけるに、はやく散り過ぎにければ」とも、「障ることありて、まからで」なども書けるは、「花を見て」と言へるに劣ることかは。花の散り、月の傾くを慕ふならひはさることなれど、ことに頑ななる人ぞ、「この枝かの枝散りにけり。今は見どころなし」などは言ふめる。（『徒然草』137段の冒頭）

（訳）花は満開じゃなきゃだめ、月は陰りないのが最高、だなんて誰が決めた？雨の中で月を恋い慕ったり、家に引きこもっていて、知らない間に花が散ってしまった、なんていうのも、情緒があってぐっとくるじゃないか。もうすぐ咲きそうな梢や、逆に一面に花が散り萎れた庭なんかも、見どころ満載だ。歌の詞書でも、「花見に出かけたのに、とっくに散っちゃっていたので、詠んだ歌」とか、「支障があって花見に行けなくて詠んだ歌」などと書いてあったりしたら、「花を見て詠んだ歌」と書いてあるのより価値が低いとでもいうのだろうか？　花が散ったり、月が沈もうとするのを恋い慕うのは真っ当なことだが、「この枝も、あの枝も散ってしまった。もう見る価値もない」だなんて言うのは、あまりにも頑迷な人だろうよ。

図5・6

た？」うんぬんというふうに、図6には現代文で書きました。こういう発想を彼はどこから得たのだろう。大変不思議な言い方ですよね。こんな言い方をするのは兼好だけだというようなことを、室町時代にすでに言われているくらいですから、本当に独自な発想、着想、アイデアであっ

たわけです。

■兼好はこの発想をどこから得たのか

　この発想を一体彼はどこから得たのかといいますと、彼は歌人だったわけでが、その歌人であった兼好が、歌人としての経験を生かしてこういうアイデアを得たんだろうと思っています。兼好には家集つまり彼自身の和歌を集めた集があります。それを参照として挙げました。図7・8です。

　「神無月のころ」うんぬんということで、訳だけ見ます。これは一体どういうことかというと、兼好は当時都、平安京周辺にいたわけでしょうけれど、奈良の初瀬、長谷寺に参詣することになった。そしたら彼のお師匠さん、先生である二条為世という人がいて、兼好はその四天王の1人と言われていたりもする高弟であったわけです。その二条為世が「お前、長谷寺に行くのか。じゃあ紅葉を折ってお土産にしなさい」ということを命じる。これはテストだと思うんですよね。単に紅葉を折って「はい、お土産」ではなくて、そこは和歌の先生なんだから、当然「お前和歌詠んで来いよ」と。「その和歌の出来を見てやるよ」という試験だったん

　神無月のころ、初瀬にまうで侍しに、入道大納言「紅葉折りて来（こ）」と仰せられしかば、めでたき枝に檜原（ひばら）折りかざして持たせたれど、道すがらみな散りすぎたるを奉るとて
世にしらず見えし梢は初瀬山君に語らむ言の葉もなし（一〇六）
　返し
こもりえの初瀬の檜原折りそふる紅葉にまさる君が言の葉（一〇七）　（兼好自撰家集）

入道大納言…二条為世1250〜1338　藤原定家嫡流の曾孫。歌壇の宗匠で、兼好の師。

　（訳）
　十月ごろ、奈良の初瀬（長谷寺）に参詣することがありましたときに、二条為世殿が、紅葉を折って来なさいとお命じになったので、美しい紅葉を檜の枝で飾って人に持たせていたら、道すがらすべて散ってしまい、それを献上したときに詠んだ歌
比類無く美しく見えた初（はつ）瀬山の梢は散り果つ（はつ）という始末で、あなたに語ろうにも木の葉も言の葉もないのです
　　返歌
初瀬の檜原の枝を折り添えた紅葉よりも、あなたの和歌の言葉の方がずっと素敵です

⇒　先生に褒められた！　合格！

図7・8

だろうと思うんです。兼好はそれを理解して紅葉を折ってきたんだけれども、初瀬というと実は有名なのはヒノキなので、ヒノキで周りを囲んだブーケみたいなものを作って、歌も作ってきたらしい。いわば試験に対して回答として歌を作った。ところが道中それを人に持たせていたら、粗忽者で紅葉が全部散ってしまった。だからせっかく作った歌もパーになってしまったというようなことを困った挙げ句に歌にした。その歌が「世にしらず見えし梢は初瀬山君に語らむ言の葉もなし」（比類なく美しく見えた初瀬山の梢は散り果つという始末で、あなたに贈ろうにも木の葉も言の葉もないのです）という歌を作った。そうしたらどうなったかというと「こもりえの初瀬の檜原折りそふる紅葉にまさる君が言の葉」（あなたの歌のがよっぽど素晴らしい）というふうに、要するに褒められた、合格したということになるわけです。

『徒然草』137段冒頭より再び
歌の詞書にも、「花見にまかれりけるに、はやく散り過ぎにければ」とも、「障ることありて、まからで」なども書けるは、「花を見て」と言へるに劣れることかは。花の散り、月の傾くを慕ふならひはさることなれど、ことに頑ななる人ぞ、「この枝かの枝散りにけり。今は見どころなし」などは言ふめる。

歌の詞書でも、「花見に出かけたのに、とっくに散っちゃっていたので、詠んだ歌」とか、「支障があって花見に行けなくて詠んだ歌」などと書いてあったりしたら、「花を見て詠んだ歌」と書いてあるのより価値が低いとでもいうのだろうか？花が散ったり、月が沈もうとするのを恋い慕うのは真っ当なことだが、「この枝も、あの枝も散ってしまった。もう見る価値もない」だなんて言うのは、あまりにも頑迷な人だろうよ。

図9・10

この話と、先ほどの『徒然草』137段の冒頭近くの一文を見てみます（図9・10）。その冒頭近くの一文に「花見にまかれりけるに、はやく散り過ぎにければ」とか「この枝かの枝散りにけり。今は見どころなし」というような頑固なことじゃダメだよと書いてある。つまり花が散っ

ちゃったから見どころがないというような、そんな考えはダメなんだということが書いてある。これは花ですけれども、これは紅葉に置き換えればまさしく兼好のいまのこの状況になるわけです。

■ 失敗は成功のもと──『徒然草』の思想を生み出す原動力としての和歌

実は厳密にはどちらの話が先かは分かりません。しかし、テストされているところから見て若い時だから、『徒然草』を書く時よりも前だと思っています。少なくともこういう体験が何度もあったんでしょう。歌を詠んで何か窮地を脱するとか、歌を詠んで褒められたということが。「紅葉が散っちゃったら、いいものがなくなっちゃったら、無意味だ」なんていうことだったらダメだった。諦めていたらおしまいだったのに、実は「ピンチこそチャンスだったんだ」というようなことを何度も味わったのではないでしょうか。恐らくそういうことが、彼をして『徒然草』の137段「花は盛りに月はくまなきをのみ見るものかは」（花は満開じゃなきゃだめ、月は陰りないのが最高、だなんて誰が決めた？）というアイデアをもたらしたのではないかと思うんです（図11）。

■ 固定観念を否定する、『徒然草』137段

137段は続きます。基本的に「何かこう決まりきった美しさがある、というようなことじゃダメなんだ。そういうふうに思い込んじゃったらダメなんだ」ということをずっと述べていきます。いわば「固定観念の否定」と言ったらいいでしょうか。私はそのように捉えています（図12・13）。

例えば第2段落

失敗は成功のもと。

固定観念に縛られた頑迷な心であったなら、失敗は失敗のままだったろう。こういう経験が積み重なって、第137段のような、独自な、しかも確信に満ちた、名言が生まれたのであろう。和歌は『徒然草』の思想を生み出す原動力になったのだった。

図11

和歌は、願わしい物が手に入らない、理想を喪失した状態を表現する、という様式をもつ。

兼好は、それを、理想ばかりにこだわる固定観念や思い込みを脱する手段に用いている。

そして発想の自由さを手に入れる方法としている。

『徒然草』第137段は、それ自体が固定観念を脱する具体例となっている。

図12・13

は恋の話で、恋人にむしろ会えないんだということが大事なんだという話です。第3段落は、遁世者や隠せい者の見る月の美しさが述べられています。それは山奥ですから枝に隠れてよく見えないんだけれどそれがかえって美しいというようなものです。第4段落は片田舎の人はしつこくこういうのを楽しもうとするのだ。例えば葵祭なんかであれば、とにかく何か来たら「おぉ〜！これ面白い」と言って見ものばかりをやたら貪欲に味わおうとする。こういうのはダメなんだ、田舎モンなんだというところがあります。田舎モン、「片田舎の人」ってあるからここは教科書には採用しにくいんですが、これを載せていただきたいんです。そして授業をしていただきたいんです。片田舎っていうところを強調してほしいんです、むしろ。

■『徒然草』137段のラスト──逆転の論理ととらわれない発想

　それはこの137段の最後がどうなっているかなのです。原典は137段なんてそういう番号はつけられていないんですが、多くのテキストでいまはそう区切ることにしているのでそれに従うことにして、その最後です。「武

士が死地に赴くときに死を覚悟している。遁世者は自然をもてあそんでいる。自然を味わっている、愛していると言って、逆に無常であることを忘れる。武士こそむしろ死を覚悟する」という文章があるんです。これ面白いですよね。むしろ片田舎の人は武士の典型なので、兼好は自分の言っていることもひっくり返しているんです。つまり自分が言っていることも固定観念にならないようにしているんです。こういうのを私は情理を尽くした文章だと思うのです。そしてその中に入って味わわなければ分からない文章だと思うんです。こういうものを教えていただきたいと、ぜひ現場に教壇に立っていらっしゃる方々にはお願いしたいし、お勧

- 第3段落では、都を離れた山中で見る月の美しさを述べている。これは遁世者、隠棲者の見る月の美しさと言ってよいだろう。
- 第4段落
  良き人…没頭せず、楽しみ方も淡泊。　〇
  片田舎の人…しつこく楽しもうとする。　×

【最終段落の逆転】現代語訳

武士が出陣する時は、死が間近であることを覚悟して、家のことも自分の事も忘れ去る。俗世を捨てて住む草庵では、心しずかに自然を愛しているからといって、死を他人事だと思っているとしたら、なんとも愚かしい。閑寂な山の奥なら、無常という敵は攻め込んでこないとでもいうのか？**遁世者**が死に直面している姿は、敵の陣地に向かっている（のに死を覚悟しない）ようなものなのだ。

無常観による逆転の論理

無常を前提として、武士の死を前にした覚悟の強さが見直され、それに比べて、自然を愛して静かな境地にいると称される遁世者が否定される。
武士は、美を解さない「**片田舎の人**」の典型だろう。遁世者の見る風景の美は、第3段落に述べられていた。そういう固定観念すら相対化するのが、この最終段落である。『徒然草』の**無常観**は、**逆転の論理**を生む原動力になっている。**囚われない**発想を生む契機となっている。

図14・15・16

> # 古典は心を理解し、自由な着想や発想をもたらすもの。

図17

めしたいし、私自身もそういう教師であろうと思っています。古典は心を理解し、自由な着想や発想をもたらすものです（図17）。そういう古典は必要だろうと思っています。

■ 授業活動例 —— 古典に参加させよ！

「古典に参加せよ！」と言った手前、では参加するのはどういう授業なのか、例を挙げました。

実際に東京大学でこういう授業をやっています。

まず5/7/5で心情を含まないものの名前だけを描写・叙述したものを作らせておいて、それを紙に書かせます（図18①）、それをシャッフルして全員に再分配し、それに7/7の心情表現、感情をくっつけて（図18②）いくということをやらせます。続いて図18③を行います。これは誰の書いたものが来るか分からないし、どういうものがあがるのかも分からない。つまり偶然なんです。偶然をどう捉えるかということも、例えば社会で生きていく時、何か仕事をする時に、実は一番ぶちあたることなんですよね。われわれが与えられている環境はほとんどが偶然です。その偶然に対してどういうふうに自分の心を持っていくかは、大事なことだと思うんです。

実は古典の世界にはそういう、いわば遊びを有効に用いて教育を行ってきたという長い歴史があります。そういうことからわれわれが学ぶことが結構あるんではないかと考えています。

「そういう授業をやるなら、こういうふうにした方がいいんじゃないか」

①5／7／5で、
心情を含まない、
物と事柄を描写・叙述しただけの表現を作る。

この場合、上級レベルになればなるほど、参考として古典和歌の用例を多く示し、和歌に近い表現を要求する。その場に即した物事を含ませるとなお良い。

②その和歌（短歌）の上句をランダムに再配分し、
その5／7／5に対してふさわしい7／7の心情表現を考え、
一首の和歌（短歌）を完成させる。

心を作り、我が物として演じさせることになる。心が偶然に左右されつつ生み出されることを自覚するよう促す。偶然性をどう迎え入れるかも、仕事を成し遂げるキーポイントになる。

③二つのグループに分かれ、歌合を行う。
一首と一首を対決させ、全員で相互に批評を行う。（ルールとして、自分のグループの歌は必ず褒め、相手の歌は必ずけなす）
中立の判者（審判員）が、理由を述べて勝負を判定する。（歌の内容には触れず、批評の善し悪しを根拠として決める）

図18

現実の心と演技された心とを徹底的に切り離して、言葉で心を作ったり、批評したりする訓練とする。

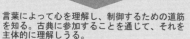

言葉によって心を理解し、制御するための道筋を知る。古典に参加することを通じて、それを主体的に理解しうる。

図19

など、ぜひ現場の先生からもアイデアを得られればと思って、恥ずかしいんですが出しました。この授業の狙いは、心をいったん自分から切り離すということです（図19）。われわれが悩んだり、行き詰まったりするのは、自分の心が自分のものだと思っているからだということがずいぶんあるんじゃないでしょうか。自分の心が自分のものなんかでは決してないだろうと思うんです。まずはいったん心を自分から切り離すような技術、こういうことも幸せに生きていくには必要な作業ではないかと私は思っています。そういうものを学ぶ上で、古典というのは非常に学びがいのあるもの、教えがいのあるものだろうと考えています。まだ話したいことがありますけれど、時間がまいりましたのでこれで終わらせていただきます。ありがとうございました。

BUNGAKU 教育を
否定できるならやってみせてよ

肯定派

福田安典

　福田です。よろしくお願いいたします。ほとんどの方は初めてお会いすると思います。自己紹介が図1です。こういう悪文があったとして、1行目の傍線部が一体どこにかかるのだろうみたいなことを学生に、「こんな意味の分からない日本語書いちゃダメだよ」と教えたりするのが、普段の仕事であります。

■ 私の立ち位置　その1

　まず立ち位置を申し上げておきます（図2）、それなりに豊かな国はある程度の税金を払っていただいているので、その国民は当然その対価の権利として自分の国には、他の国にはないとは言いませんけれども、こういう文化があったということを知る権利がある、ということが私の立場であります。その発掘と

```
自　己　紹　介

税金の無駄の　某旧帝国大学
の某研究所とは無縁の「女
子」が通う「私学」の「雄」
の日本女子大学の「文学部」
の福田安典

傍線部はどこにかかるか？
```

図1

```
立ち位置　その1

それなりに豊かな国の納税者は、
　　自国の文化を識る権利がある。

まだ解明されていない日本古典の領域が
　　あるという現実

その発掘と発信を仕事としている。
```

図2

発信の仕事をするのが、私のとりあえず口に糊するべき、給料をいただいている義務だということを考えているということでございます。

■ 私の立ち位置　その2

立ち位置その2は（図3）、ここに私が大学で作った雑誌を挙げておきましたけれども、日本の中・高の国語教育に関わっている雑誌を編集しているということでございます。先ほどからお話が出ていましたが、学習指導要領が31年度に、図4・5は高校のものを持ってきたんですが、大きく改訂されます。改訂のポイントは、平成21年度よりも古典の度合いが減ったということです。先ほどの前田さんのお話ぐらいのことは、すでに分かっていて、古典は高校ではどんどん選択になっているという現状があります。今日、いままでわれわれが受けてきた教育の中でここがダメだったということのご批判は受けますけれども、問題は来年からどうするかということが次の課題になっているわけでございます。「言語文化」というのが入っているんですけ

立ち位置　その2

『教科教育法に関する研究　Vol.1』（日本女子大学編）

『教科教育法に関する研究　Vol.2』（日本女子大学編）

『教科教育法に関する研究　Vol.3』（日本女子大学編）

三省堂の高校生用教科書

の編集を手がける。

高校国語の学習指導要領（平成30年3月改定）

平成21年度学習指導要領　→　平成31年度学習指導要領

【共通必履修科目】
国語総合（4単位）　　　　　　現代の国語（2単位）
　　　　　　　　　　　　　　　言語文化（2単位）

【選択科目】
国語表現（3単位）　　　　　　論理国語（4単位）
　　　　　　　　　　　　　　　文学国語（4単位）
現代文A（2単位）
現代文B（4単位）
古典A（2単位）
古典B（4単位）　　　　　　　国語表現（4単位）
　　　　　　　　　　　　　　　古典探究（4単位）

今回の改訂では，共通必履修科目として「現代の国語」及び「言語文化」を，選択科目として「論理国語」，「文学国語」，「国語表現」及び「古典探究」をそれぞれ新設した。

一方，「言語文化」については，主として「古典の学習について，日本人として大切にしてきた言語文化を積極的に享受して社会や自分との関わりの中でそれらを生かしていくという観点が弱く，学習意欲が高まらない」という課題を踏まえ，特にこうした課題が，古典を含む我が国の言語文化への理解と関係が深いことを考慮し，上代から近現代に受け継がれてきた我が国の言語文化への理解を深める科目として，その目標及び内容の整合を図った。

（高等学校学習指導要領解説国語編
　　　　　平成30年7月　文部科学省）

図3・4・5

れども（図4）、この「言語文化」っていうのを文科省がどのように言っているかというと、図5のようなグレーになっている部分ですね。いままでこういった批判がすごく多かったのでその批判をなくし、あんまり古典古典したのではなくて、言語に関わること。ひょっとしたら現代語で古典の内容を教えても構わないのではないか、というような話に変わっているというのがあって、われわれ文学教育に関わる者としてはこれから逃れることができない。この教育を受けてきた18歳の子たちを大学では受け入れるべきだし、もしくはわれわれの教え子が教育現場に行って、18歳前の子たちをこのように鍛えてくるというその現状の中で、われわれはこれからどのように生きるのかっていうことに対して、一つの見識を持つのがわれわれ文学部の教員の立場だ、という、この二つの立場があります。

■理系／文系の区別は誰のため、何のため？

　理系／文系の区別から話を進めたいと思います。理系／文系

理系／文系

我々の世代では、高校時代に
「文系／理系」にクラス分けされる
ことが多かった…

↓

何のためなのか？

理由１：子どものため？

○子どもの学習の過程において、各自の
「能力」や「好み」にあわせてクラス分
けした方がよい？

○理系／文系には、高校段階で明確な
「壁」があるので、同一カリキュラムで
教えるのはムリ？

理由その２：受験のため？

まさか、そんなことはないよね？

図6・7・8

と何となく分けてしまうんですけれども、われわれの世代は高校時代に理系／文系というふうにクラス分けされてしまうことが多かったんですね（図6）。これが何のためなのかってあんまり考えたことないと思うんです（図7・8）。例えば子どもの学修の過程において、その子どもの能力とか好みに合わせてクラス分けした方が良いということなのか。理系／文系には、猿倉さんのおっしゃるように、量が多すぎるのでそれに合わせた形を作ってあげた方がいいので、同一のカリキュラムで教えるのが無理だっていう考え方がある。もしくは受験で自分のところの教え子がたくさんいい大学に行った方が良いので、効率よく教えた方が良いというふうに考えるのか、どちらなんでしょう。

思い返してみると、小学校の時に「理科の実験が好きだった本好きの子」ってたくさんいたんですね（図9）。それとか「アサガオの日記をつけていた本好きの子」とか「一緒に昆虫を捕まえていた本好きの子」もたくさんいたんです。これが知らない間に、その子たちは文系を選

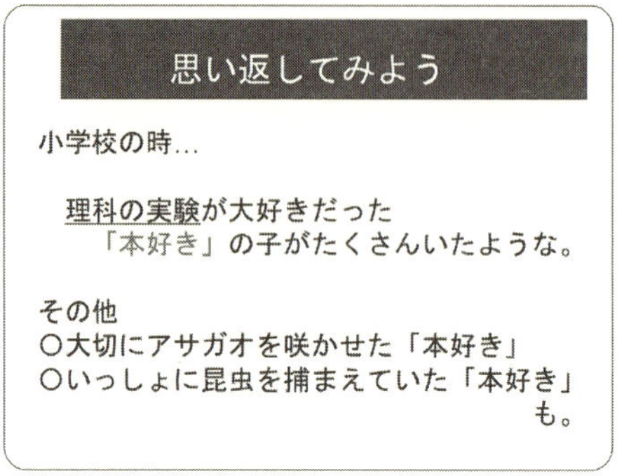

思い返してみよう
小学校の時…
理科の実験が大好きだった
「本好き」の子がたくさんいたような。
その他
○大切にアサガオを咲かせた「本好き」
○いっしょに昆虫を捕まえていた「本好き」
も。

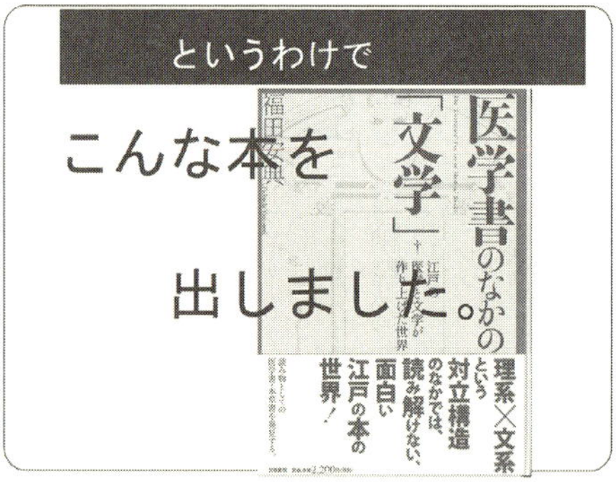

というわけで
こんな本を
出しました。
医学書のなかの「文学」
福田安典
理系×文系という対立構造のなかでは、読み解けない、面白い江戸の本の世界！

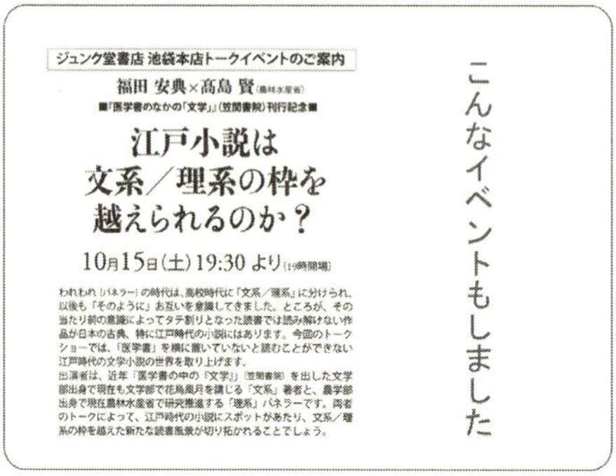

ジュンク堂書店 池袋本店トークイベントのご案内
福田 安典×髙島 賢（農林水産省）
■『医学書のなかの「文学」』（笠間書院）刊行記念■
江戸小説は
文系／理系の枠を
越えられるのか？
10月15日（土）19:30より（19時開場）
われわれ（パネラー）の時代は、高校時代に「文系／理系」に分けられ、以後も「そのように」お互いを意識してきました。ところが、その当たり前の意識によってタテ割りとなった読書では読み解けない作品が日本の古典、特に江戸時代の小説にはあります。今回のトークショーでは、「医学書」を横に置いていないと読むことができない江戸時代の文学小説の世界を取り上げます。
出演者は、近年『医学書の中の『文学』』（笠間書院）を出した文学部出身で現在も文学部で花鳥風月を講じる「文系」著者と、農学部出身で現在農林水産省で研究推進する「理系」パネラーです。両者のトークによって、江戸時代の小説にスポットがあたり、文系／理系の枠を越えた新たな読書風景が切り拓かれることでしょう。
こんなイベントもしました

図9・10・11

んだ瞬間から「理科が嫌いな子」になってしまったということですね。私はこんな本を出しました。『医学書の中の「文学」』(笠間書院、2016年)という本です(図10)。

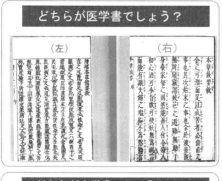

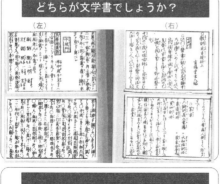

図12・13・14

■ どちらが医学書でどちらが文学書？── 知られていなかった日本の古典を発掘して発信する

この本の刊行に合わせてジュンク堂書店さんで、農水省に勤めているゲノムを専門にしている友達と一緒に、理系の読書と文系の読書は本当に中学・高校・大学と進むにしたがって違うのかというような議論をしました(図11)。

この本で紹介したものなんですが、図12をご覧ください。この右と左の本は、どちらが医学書でどちらが文学書でしょうか。両方とも漢文でいろいろ書いてありますね。これ、実は右が文学書で左が医学書なんですね。

図13も全く同じ形態で書かれているものです。『衆方規矩(しゅうほうきく)』という医学書なんですけれども、一つの方が談義本という文学ジャンルの本で、もう一つの方が曲直瀬道三(まなせどうさん)の書いた本当の医学書

なんです。これも右側が文学書で、左側が医学書なんですね。なんでこんな医学書そっくりの文学書が生まれてくるのかという背景をずっと追いかけているということでございます。

図12の右は『本草妓要（ほんぞうぎよう）』っていう作品なんですがこれが戯作（げさく）で、左の『本草備要（びよう）』の方が本物の医学書なんですね。医学書をパロディーにしている江戸の戯作書はかなり多いです（図14）。先ほど申しましたが、いままで知られていなかった日本の古典のそういうものを発掘して発信していくのが私の仕事と思っているということです。

また図15の二つの文章はどうでしょうか。一方は医学書の一節で、もう一方が文学作品なんですね。皆さん風邪をひいた時にひょっとして飲まれるかもしれませんが、「風邪ひいた時に葛根湯が必要だ」って書いてある有名な部分です。いまだに葛根湯というのが飲まれていますよね。これ書き下ししますと図16のようになります。上が医学書の『傷寒論（しょうかんろん）』。下の段がその葛根湯の役目をわざわざ漢詩文、韻文にしている狂詩なんです。一方では医学書として読み、もう一方では文学書でゲラゲラ笑うというセンスを持っていたというのが、江戸時代の文芸、古典の世界の一つの側面なんです。

どちらが文学？

A　太陽病項背強几几無汗悪風葛根湯主之

B　知是太陽病脈浮頭項強薬方何所主仲景葛根湯主之

Aが医学書『傷寒論』「弁太陽病脈証并治中」

太陽病、項背(こうはい／うなじせ)強(こは)く、几几(しゆしゆ)、汗無く、悪風(をふう)するは葛根湯これを主（つかさど）る

Bが文学書『茶菓子初編』の狂詩

**知る是れ太陽熱
脈浮き頭項強ばる
薬方何ぞ主さどるところ
仲景葛根湯これを主る**

図15・16

■医学書と文学書の両方を知っていることが必要だった時代——近代以前の日本

次に私の専門としている平賀

源内なんですけれども、平賀源内の『物類品隲』の説明のところで「かあいまん」というものがあるんですね（図17）。私もとても気に入ってよく本で使うんですけれども、「海の中に出てきて人間を襲って食べるんだ」みたいな説明が書かれているのが、『物類品隲』という平賀源内の専門の本草学書の一節なんです。

ところがこの「かあいまん」の平賀源内の説明は、谷川士清の『和訓栞』にそのまま引かれているんですね（図18）。いままでこの『和訓栞』は国学、つまりわれわれのいま専攻としている日本文学の前の国文学、その国文学の前の国学という、いかにも鎖国時代に作られて、日本のことが大好きだと言っていると考えられていた、その書物の中に、実は当時最先端のオランダの医学に憧れていた平賀源内の文章（図19）がそのまま引かれている。これは、平賀源内と谷川士清はとても仲が良かったので使われているということなのです。われわれは何となく先入観で、『和訓栞』なんて読む人間にいわゆる「理系」の読書をし

平賀源内の『物類品隲』の載る動物の説明

かあいまん　鼉龍の紅毛語也。尾の長〈タケ〉身に半す。守宮の如く四足あり。此物咬嚼吧、暹羅の洋海中にあり。舩中の人もし形を見はせば忽ち踊出て食ふといへり。海物記に鼉宵鳴如桴鼓。今江淮謂鼉鳴為鼉鼓其数應更矣と見ゆ。

どの文献の記載でしょうか？

谷川士清『和訓栞』

かあいまん　鼉龍の紅毛語也。守宮の如く四足あり。尾の長〈タケ〉身に半す。此物咬嚼吧、暹羅の洋海中にあり。舩中の人もし形を見はせば忽ち踊出て食ふといへり。海物記に鼉宵鳴如桴鼓。今江淮謂鼉鳴為鼉鼓其数應更矣と見ゆ。

鼉龍　蛮産。紅毛語カアイマン。（中略）形守宮蛤蚧ノ如ク四足アリ。頭ヨリ尾ニ至テ鱗アリ。三角ニシテ甚尖ニ（角＋肖）。尾ノ長サ身ニ半ス。図中ニ詳ナリ。此ノ物咬嚼吧（カフハア）、暹羅（シヤムロウ）ノ洋海中ニアリ。人舟中ヨリ形ヲ顕セバ忽チ水中ヨリ踊出テ是ヲ食フ。形甚大ナリトイヘトモ水ヲ離ルニ音ナシ。蛮人甚恐ト云リ。

（『物類品隲』巻４）

図17・18・19

た人間はいないような気になっているんですが、この文章だけ引いて「かあいまん」という言葉は、当時の日本の古典のどっかに出てくるんだろうと思うんですけれど、それは全く間違いで、そのほんの数年前に出版された平賀源内の医学書、薬学書、本草書の中に出てくる一節だということでございます。そういうことは調べてどんどん分かってまいりました。

この『物類品隲』巻4にはこういうのもあります。これもこのまま『和訓栞』に出てきたりしますね（図20）。これは「スランガステイン」という、平賀源内がこの時興味を持っていた石なんですね。それで「すてゐんは石をいふと譯語家の説也」と右側の『和訓栞』にあるのは、実は左側にある平賀源内の『物類品隲』の言葉がそのまま入っている。

つまりわれわれは国文学の世界に入って、理系のこととは全く関係なく国文学書を調べたい。そして国文学の専門で言うと『和訓栞』というのは生粋の日本文学の古典から来たものであるので、これを読んでいろいろと日本の古典を読みたいと思うんですけれども、この『和訓栞』を使いこなすには医学書や本草学書の世界くらいまで目を向けないと本当に使いこなしたことにならないという結論に、どうやらなりそうであります。

そしてつまりわれわれ作者や読者にとっては、医学書と文学書の両方を知っていることが必

『物類品隲』
蛮産ニスランガステインアリ。
紅毛人希ニ持来ル。癰腫ノ上ニ置ハ粘着シテ不離。邪気ヲ吸ヒ、毒ヲ解ス。是ヲ乳汁ノ中ニ投ズレバ所吸ノ邪気ヲ吐出シテ石故ニ復ス。如此スルコト数次ニシテ功能初ニ不減ト云。（中略）按スルニ紅毛語スランガハ蛇ヲ云、ステインハ石ヲ云。

『和訓栞』
すらんがすてるん　阿蘭陀より来る蛇の頭にある石也といへり。膿を吸、毒に解す。（中略）此物一たび試みて後よく數次に投ずれば功能減ぜず。すらんがは蛇をいひ、すてゐんは石をいふと譯語家の説也。

図20

作者や読者にとっては、
　医学書と文学書との両方を
　　知っていることが必要ですね.

そういう時代が、
　　近代以前に日本にはありました。

図21

要だ。そういう時代が実は近代以前の日本にはあったということなんですね（図21）。それで申し上げておきますが経歴を書きましたように、私がいわゆる理系の教育を受けたことがないにも関わらず、こういったことの結論になり、いま恐らくは普通の文学書を読むよりは医学書、本草学書をたくさん読んでいるというような生活を送っています。

■ 江戸時代の時代背景──実学や教育

近代以前には文系／理系という対立概念がそもそもなかった、読む者が似通った知識層であった、読む本が共通していたという時代背景があります（図22）。

そして江戸時代の実学や教育において、例えばそこの村落のリーダーたる人間像に求められるものは、例えばわれわれが実学書と思っている農書とかがあります（図23）。「こういう農作物をここに植えたらどうだろう」ということが一つ。もう一つは人々に倫理観を教えるための朱子学を中心とした儒学。そして人々に娯楽を与えるものだとか、そういったもの全部が必要で

図22・23・24

あって、そしてその抱えている半分以上のものが漢文で書かれていたという現状があります。

図24は『医案類語』という本です。医案はいま言うカルテなんですね。いまのカルテはほとんどが英語で書かれますが、その昔はドイツ語で書かれたのが有名です。その前は実は漢文で書かないといけなかった。漢文でカルテなんていちいち書いていられないっていうので、カルテの書き方を医学と全然関係のない漢文学者が「このようにカルテは書いたらいいんだよ」っていう用語集を作ったのが『医案類語』という世界だったんです。そういったことは、この研究を進めているといろいろと分かるようになってまいりました。

■再び理系と文系を考える

再び理系と文系と、に戻します（図25）。いままでお話ししたように、江戸時代の医学書や農学書を読むには漢文が読めなければならない。また出版に関する書誌学の知識とそれに対するトレーニングが必要である。

```
再び　理系と、文系と
1  江戸時代の医学書や農学書を読むには、
   漢文が読めなければならない。
2  また、出版に関する書誌学の知識と
   トレーニングが必要。
→今の大学の、どこの学部なら可能？
```

図25

BUNGAKU部

でしょうかね？

さらには、こんな文字も読めなければなりません。

図26・27

いま現在、日本の大学のどこの学部ならこの学修内容を保証してくれるのでしょうか。BUNGAKU部ですかね？違いますか？すみません（笑）（図26）。

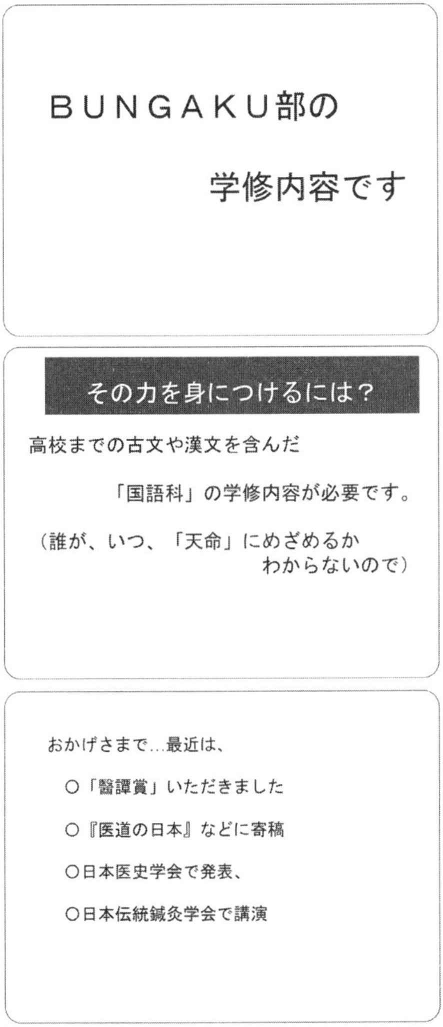

> **BUNGAKU部の**
>
> **学修内容です**

> **その力を身につけるには？**
>
> 高校までの古文や漢文を含んだ
>
> 　　「国語科」の学修内容が必要です。
>
> （誰が、いつ、「天命」にめざめるか
> 　　　　　　　わからないので）

> おかげさまで…最近は、
>
> ○「醫譚賞」いただきました
>
> ○『医道の日本』などに寄稿
>
> ○日本医史学会で発表、
>
> ○日本伝統鍼灸学会で講演

図28・29・30

さらにはこんなくずし字でサラサラと書いてある字があって、これも翻刻されていないものが近世期にはものすごく多いんですよ（図27）。その翻刻を提供していくことが、「私の立ち位置」で掲げた納税者に対する一つの義務だとしたら、この字を読むトレーニングをさせてくれるところも……BUNGAKU部ですかね？よく分かりませんけれど。というような話です（図28）。

その力を身につけるには、高校までの古文や漢文を含んだ国語の学修内容が必要なんです（図29）。誰がいつ、この天命に目覚めるか、天がわれわれに与えた、納税者に日本の埋もれていた古典内容を発掘し、そして発信する仕事は、私も大学3、4年で初めて天からの命を受けてこれをやっているわけでございますけれども、それは誰にも分からないので、高校にこういう学修内

容は必要なんじゃないかというふうに考えています。

おかげさまで最近は「醫譚賞」という「お前の学問は医史学に貢献した」という賞をいただいたり、お医者様の前でお話させていただくことがすごく多くなっているというような、非常に不思議な関係になっているわけでございます（図30）。

■国際関係をつなぐ日本の古典芸能——フィリピン大学との学術交流から

あと、こんな事例を考えてみましょう（図31）。私はアンパロ・ウマリ氏の交誼を得てフィリピン大学との学術交流を続けているんですが、このフィリピン大学が2000年以降、日本の古典芸能にすごく積極的に関心を持つようになってきました。彼らは頑張って日本の古典を勉強しています。日本の「型」を学びます（図32）。日本の「和学」を学びます。ついでに日本の作法を学びます。何のためなのか、彼らにとって一体何が楽しいのか。自分のところの文化でもないし。この前もうちの大学でパフォーマンスをやってもらいましたが、能の謡を彼らが謡うんですね。

こんな事例を考えてみましょう

２０００年以降、
フィリピン大学で日本の伝統芸能である
能楽や歌舞伎を学ぶプログラムが
立ち上がった…

参加学生は文学部だけでなく、
エンジニア・医師など希望する学生たち

彼らは、がんばって日本の「古語」で謡う。

日本の「型」を学ぶ

日本の「和学」を学ぶ

ついでに日本の作法を学ぶ

何が楽しい？

フィリピンでは

他の国の文化には憧れがあるのに、
　　　自国の伝統芸能を軽視する風潮

（例）ミッキーマウスは誰でもが知るが、
　　自国の伝統芸能は
　　　「バーバリアンダンス」だと感じる

（注：日本のことではありません）

図31・32・33

日本の古語をきちっと節付けで謡うので、この人は相当日本語ができるんだろうなぁと思ってその人に話しかけたら、英語しかできない。日本の古語を節付けで謡えるのに、日本語ができない。先ほどオペラの話がありましたけれども、イタリア語でオペラが歌えるんだけれども、イタリア語はしゃべれない、そんな現象なんです。

これはなぜかというと、フィリピンでは他の国の文化には憧れがあるのに、自国の伝統芸能をすごく軽く見る風潮がある（図33）。例えばミッキーマウスというのはみんなに聞くと知っているらしいんですけれども、自分の国にある伝統芸能というのは「あんな下品なものはわれわれいりません」みたいになっている。そういったことから自国の伝統芸能が消えるんじゃないかと危機感があるという背景があります。日本のことではありません。フィリピンのことです。

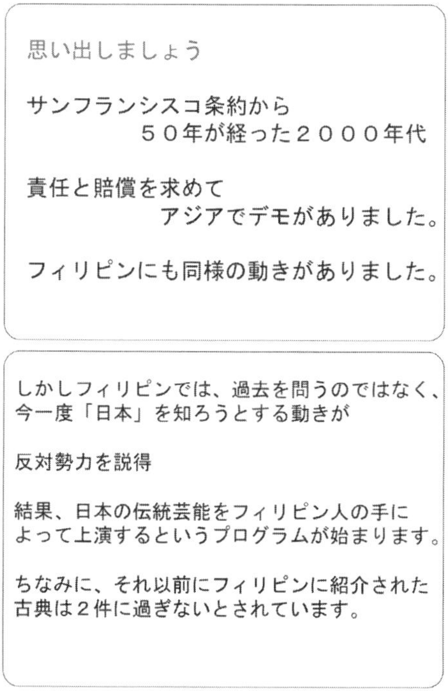

そこで思い出してください。サンフランシスコ条約から何年かたった時に（図34・35）、アジア・東南アジアで一斉に「日本にもう一度賠償を求めよう」という動きがあった時、フィリピンも例外ではありませんでした。その時に有名な大使の方が「まあそういうことを言わずに、これをきっかけに逆に日本との交流を深めたらどうだ」っていう話になりました。デモがあった時にフィリピンは珍しく「日本の伝統芸能をもう一度学ぼう」という動きがありました。そして

思い出しましょう

サンフランシスコ条約から
　　　　５０年が経った２０００年代

責任と賠償を求めて
　　　　アジアでデモがありました。

フィリピンにも同様の動きがありました。

しかしフィリピンでは、過去を問うのではなく、今一度「日本」を知ろうとする動きが

反対勢力を説得

結果、日本の伝統芸能をフィリピン人の手によって上演するというプログラムが始まります。

ちなみに、それ以前にフィリピンに紹介された古典は２件に過ぎないとされています。

図34・35

能や歌舞伎をフィリピンでやりました。例えば勧進帳とかをフィリピン語でやるんですね。そういうようなものがあったりしています。おかげで何となく反対勢力の方は「まあそれじゃ」というような形でちょっと矛先が治まったというようなことがありました。それまではフィリピンでは日本の古典芸能は2件くらいしか紹介されていなかったんです。それがここまで広まってくるという背景は、やはりそこのところにはわれわれに何かを語ってくれるものがあるのではないかというふうに考えています。

　結果としてフィリピンではデモはおさまったのですが（図36）、この事実を知っている人間というのは案外いません。私があちらこちらでこのフィリピン大学との交流のことを言うんですけれども、あまりみんなピンとこなくて、アジアと言うと中国や韓国のことばかりを言うんですが、フィリピンのこの一件から見えてくるのは、実は国際関係をつないだのが日本の古典芸能だということです。

　つまり、同じ問題意識があって、日本とフィリピンは同じアジアの島国であり、西洋に憧れ、技術的に西洋に追いつきたいと思っている。それなのに、その各々の伝統文化へのスタンスは大きく違う。なぜフィリピンは日本のように自国の古典文化に誇りを持てないのか。日本人と同じように、フィリピン人にも自国の文化を見直してほしいという願いがある（図37）。そうい

結果として、フィリピンにおける反日デモは
　　　　　　　　　　　　　縮小されたのですが、

その事実を知る旧国立大学の「先生方」は
　　　　　　　いかほどいらっしゃるのでしょうか？

→その仕事に関わった研究者は、
　　　　　　　「私学」の「文学部」が中心です。

これも必要のない仕事でしょうね？

蛇　足

フィリピン大学の狙いは、この活動を通じて、
フィリピン人に自国の伝統芸能への関心を
持ってもらいたいとのことです。

同じ島国で、外国かぶれして
伝統文化に関心を示すことを拒否する人たちが
多い中で、伝統芸能を守る「日本」に続け、
ということです。

図36・37

う影響力を持つのが、日本の古典文化および日本古典文学研究であるということです。

■最後に

そして最後に、文学研究を「肯定／否定」という切り口から応援してくださる本企画に（図38）、そしてまず勝又さんに感謝したいと思います。理系どころか文学部でもいままで等閑視されてきた、医学書の話やフィリピンの関係に光を当てていただいて、本当に感謝しております（図39）。そして今日来られた否定派のお2人の先生方には本当にお礼を申し上げたいです。お忙しい中こんなところまでわざわざご足労いただきありがとうございます。

これからフロアとの議論に入りますが、大学に普通に勤めていると、何となく理系と文系の対立があって、そして上から目線で理系から文系に語られていて、何となくわれわれが一方的に被害にあっているような気になっています。恐らく否定派のお2人は「ここまで言うからには、あなたたちはあなたたちできちっと反論して、自分たちの中に無意識で持っている日本文化の魅力だとかそういったものの発信力に目覚めなさい」というメッセージを発しているのだというふうに受け取り、あまり変な方向に議論にならないようにということをお願い申し上げまして、私

最後に

文学研究を「肯定／否定」
という切り口から応援してくださる
本企画に感謝。

理系どころか文学部でも等閑視された
医学書・フィリピン案件に
陽を当てていただいて

埋もれていた古典の魅力を納税者に報告できる機会を与えていただき、

ありがとうございました。

図38・39

の発表を終わりたいと思います。ありがとうございました。

第二部　ディスカッション

はじめに

勝又 —— では時間になりましたので、第二部ディスカッションに入りたいと思います。ここからの議論の進行は大阪大学の飯倉洋一さんにお任せしたいと思います。よろしくお願いいたします。

飯倉 —— よろしくお願いします。今日はどういうふうなパネリスト発表になるかと思っていたんですけれども、非常に紳士的に行われて、乱闘にはならない感じでございましたので、司会も古舘伊知郎風ではなく田原総一朗風でもなく、NHK の解説委員風でやりたいと思います（笑）。

　最初に、実はフロアの方から本当にたくさんのご意見を伺っていて、質問したいという人が非常にたくさんいらっしゃって、あとで伺いたいと思いますが、全員に回らないこともあり得ますので、その点はあらかじめご了承ください。

　このディスカッションの進め方ですけれども、最初に勝又さんが説明されたように、まずパネリストの方から、先ほどのパネリスト発表を聴いた意見または補足をしていただきます。そのあと自由にパネリスト同士のディスカッションという形でいきたいと思います。それでは猿倉さんからお願いします。

1. パネリスト同士のディスカッション

■ コンテンツビジネス／納税者は別に古典を読みたいと望んでいない

猿倉 —— 一通り聞いてみた印象から。私が大学で授業をやっている一つ前のコマがたまたま古文の国文学の先生です。高校のそれなりの進学校の古文の授業というのは、嫌々試験にあるから受けている人が結構いる。結構殺伐としているんですよね。それに対して国文科の授業というのは本日の先生方の話を聞いていても、横で見ていると幸福感があるので、これは

どういうことなんだろうと。やっぱりこういうのは好きな人だけでやってくださった方がいいものなんだろうなというのを、とても感じました。それでやはりこれは芸術ですから、絵が好きな人でも、私は草間彌生が嫌いなんですけれども、「これは嫌いだ」というものがあるので、「強制していること」に問題があると。存在はさせなきゃいけないけれど、強制せずにそれを本当に愛する人だけでやるやり方があるんじゃないかなと。そういう意味でコンテンツビジネスとしては、日本の魅力を伝えるものになるだろうと。

　もう一つびっくりしたのは、エコーチェンバー現象って皆さんご存じだと思いますけれども、「類友」ですよね。私の知り合いのフィリピン人で、福田さんのところに来ていらっしゃる同じ大学から来ているんですけれど、「あ、なるほど～」と思うことがありました。同じ国、同じ大学でも多分「類友」があるので、全然違うんだということがよく分かりました。

　一つだけ福田さんに反論しておきたいなと思うのは、納税者は別に古典を読みたいと望んでいないと思いますけれどね。その辺が自分の周りの空間と、統計空間が、一致している人はほとんどいないということだと思うんです。なので自分の周りだけ見ると自分の考え方で多分回っていくのが正しいとみんな思っているはずなんですが、じゃあそれをどう調整していくのか。どう平和に共存していくのか。それで何を最大値にしていくのか。そのコンセンサスとか教育の設計というところが、一番古典というものにおいて難しいことなんじゃないかなと、そんなふうに思います。

飯倉── ありがとうございます。それでは前田さんお願いします。

■ 漢文の医学書を読まなくてはならない現代の医師はいない

前田── では図1をご覧ください。これは三角関数の公式です。古文・漢文と同様に「こんなものやらなくてもいいんじゃないか」と並び称されるものになっているですが、これは覚えなくていいと私は理系の人として

図1 覚えなくて良い三角関数の公式

$$\sin(\alpha \pm \beta) = \sin\alpha\cos\beta \pm \cos\alpha\sin\beta$$
$$\cos(\alpha \pm \beta) = \cos\alpha\cos\beta \mp \sin\alpha\sin\beta$$

$$\sin 2\alpha = 2\sin\alpha\cos\alpha$$
$$\cos 2\alpha = \cos^2\alpha - \sin^2\alpha$$

$$\sin 3\alpha = 3\sin\alpha - 4\sin^3\alpha$$
$$\cos 3\alpha = 4\cos^3\alpha - 3\cos\alpha$$

$$\sin^2\frac{\alpha}{2} = \frac{1-\cos\alpha}{2}$$
$$\cos^2\frac{\alpha}{2} = \frac{1+\cos\alpha}{2}$$

$$\sin\alpha\cos\beta = \frac{1}{2}\{\sin(\alpha+\beta) + \sin(\alpha-\beta)\}$$
$$\cos\alpha\sin\beta = \frac{1}{2}\{\sin(\alpha+\beta) - \sin(\alpha-\beta)\}$$
$$\cos\alpha\cos\beta = \frac{1}{2}\{\cos(\alpha+\beta) + \cos(\alpha-\beta)\}$$
$$\sin\alpha\sin\beta = -\frac{1}{2}\{\cos(\alpha+\beta) - \cos(\alpha-\beta)\}$$

$$\sin\alpha + \sin\beta = 2\sin\frac{\alpha+\beta}{2}\cos\frac{\alpha-\beta}{2}$$
$$\sin\alpha - \sin\beta = 2\cos\frac{\alpha+\beta}{2}\sin\frac{\alpha-\beta}{2}$$
$$\cos\alpha + \cos\beta = 2\cos\frac{\alpha+\beta}{2}\cos\frac{\alpha-\beta}{2}$$
$$\cos\alpha - \cos\beta = -2\sin\frac{\alpha+\beta}{2}\sin\frac{\alpha-\beta}{2}$$

https://sci-pursuit.com/math/trigonometric-function-formulae.html

図1

図2 これ一つだけで良い

$$e^{i\theta} = \cos\theta + i\sin\theta \qquad \text{オイラーの公式}$$

$$e^{i\pi} + 1 = 0 \qquad \text{博士の愛した数式}$$

$$i^i = e^{-\frac{\pi}{2}}$$

アイ（愛）は虚しいがアイジョウ（愛情）によって実のあるものになる
（iは虚数だが i 乗すると実数になる）

図2

図3 聖書の言葉？

●「光あれ！」

... and God said:

$$\varepsilon_0 \oint \boldsymbol{E} \cdot \mathrm{d}\boldsymbol{A} = \sum q$$
$$\oint \boldsymbol{B} \cdot \mathrm{d}\boldsymbol{s} = \mu_0 \int \boldsymbol{J} \cdot \mathrm{d}\boldsymbol{A} + \mu_0 \varepsilon_0 \frac{\mathrm{d}}{\mathrm{d}t} \int \boldsymbol{E} \cdot \mathrm{d}\boldsymbol{A}$$
$$\oint \boldsymbol{E} \cdot \mathrm{d}\boldsymbol{s} = -\frac{\mathrm{d}}{\mathrm{d}t} \int \boldsymbol{B} \cdot \mathrm{d}\boldsymbol{A}$$
$$\oint \boldsymbol{B} \cdot \mathrm{d}\boldsymbol{A} = 0$$

... and there was light!

図3

断言します。

その代わり、これ一つ覚えてください。図2です。これはオイラーの公式で、これを一つ知っていると図1の式は全部ここから出すことができます。これは『博士の愛した数式』という小川洋子さんの書かれた小説にも出てくる有名な式です。

文系的な例を図2の下段に書いてみました。これは「iのi乗は、eのマイナス二分のπ乗になります」というただそれだけの式なんですけれど、読み方が「アイ（愛）は虚しいがアイジョウ（愛情）によって実のあるものになる」。こういうふうに読むんですね。

先ほど福田さんがおっしゃっていた、漢文で医学書が書かれていますというものの逆の例ですね。

図3は聖書の言葉を数式で書くとこうなるという例です。創世記で神は「光あれ」

と言われたんですね。MITというアメリカの大学で売っている記念品に書かれているプリントを自分で作ってみました。"and God said"むにゃむにゃむにゃ……と、"…and there was light!"と。ジョークですよね。医学書が漢文で書かれているという話がありましたが、こちらはまさにパロディーでした。こんなことを書いて喜ぶのは一部のマニアックな人だけです。恐らく先ほどの漢文の医学書も、あれも読まなくてはならない現代の医師はあまりいなくて、あの中身を現代文で勉強すれば十分なんだろうと思う次第です。以上です。

飯倉―― ありがとうございます。それでは肯定派渡部さん、お願いします。

■ **医者の心得は愁訴に応えること** ―― **すべての学問は人間を相手にしている**

渡部―― そんなに補足することはないんですが、一つだけ私の経験を述べさせていただきます。

　ある時私、大変酔っぱらってベロンベロンになって、列車から降りた瞬間に手がブラブラになって動かない状態になってしまって、家に帰ったら女房が真っ青になって、脳梗塞かもしれないと急いで病院に行ってMRIを撮ったりしたのですが、当直の先生は「そういうんじゃない」と。じゃあ何なんだと問うても、「そんなの分からないよ」と言われて、ますます不安になって、東大病院に行きました。そうしたら別の医師を紹介してもらって、とある病院に行きました。40歳くらいの女医さんでしたけれども。「これは橈骨神経麻痺だ」と。脇の下の神経が切れて動かないだけであって、神経が回復すればすぐ動くと。安心して女医さんに「夜中運ばれて動かなくなってどういうことだと思って、でも医者に聞いたって答えてくれない。そうじゃないと言うだけなんだ」と愚痴ったんです。その女医さんは、それはよくないと。彼女が言うには「医者の心得とは患者の愁訴に応えることである。治すことじゃない。治すこと以上に、患者はとにかく憂え訴えている。その愁訴に対して応えていく。これがまず医者の第一の務めだ」と。

素晴らしい人だ、と思いましたね。本当に。

　さらに素晴らしいと思ったのはその後で、彼女は「実は私、古今和歌集に興味がある」って言いだすんですよね。やっぱり！って（会場笑）。限られた時間で、一例を持ってきてすべてを答えるわけじゃないんですが、やはりそういう興味・関心がある人は人間として優れているというふうに（笑）。すみません。これ笑わせるために言ったんじゃなくて、それは本当にそう思うんです。すべての学問は人間を相手にしているんです。これは、すべての学問の根本に常にあるのではないかなと思います。

　もう一つ。東大で「死生学」という学問を20年くらいやっているんですけれども、これは「人間はいつ死ぬんだ」「脳死は死なのか」という問題です。これは医学者には答えられないから、それはもう文学者が決めてくれと。例えば、「人間はいつ死んだと認められるんだ」という問題ですよね。もちろんわれわれだって簡単に答えるわけにはいきません。そういう問題を医学者たち、生命科学に関わる人たちと一緒に考えていこうというのが「死生学」です。それなりに自分でも研究を深めているつもりですけれど、そういう問題とも通じています。やはり他分野の人たちと協働的に考えていかないといけないことが多いのではないかと思っている次第です。

飯倉 ―― ありがとうございます。では福田さん。

■ 目指すべきことは何か。抜本的に日本の古典教育は変えていくべきか

福田 ―― 先ほどは文学部の立場でいろいろ申し上げたんですけれども、プロフィールにも書きましたが、前職が愛媛大学という地方大学の教育学部です。その教育学部の中で唯一古典を教えているという立場で、今回のようなことは、同僚つまり同じ国語の教員になるという立場の人たちからも問い詰められたことなんですよね。

　例えば、一般的なデータをどうとるかというのは考えなくてはならない

んでしょうが、身近な大学生に聞いて、18歳で高校を卒業して大学にいった人間が 10 人いるとして、古典が好きなのは何人？嫌いな人間は何人？どうでもいいと思っている人は何人？というアンケートをとると、大体 10 人いると 2 人くらいが好きと言ってくれる変わり者がいて、5 人くらいは憎んでいる人間がいて、中にはあれがなかったらワンランク上の大学に行けたと、すべての責任を古典に押し付けている人間がいてですね。あと残りの 3 人はどうでもいいやみたいな形になっています。

　ところが高校までに古典を一切習わなかったとしたらどうだろうという話になると、全然習っていないにも関わらず、漫画だとかテレビドラマを見て、好きだという人間はやはり 1、2 人いるだろう。全く習っていないにも関わらず「古い」っていう字が書いてあるだけで腹が立つというか嫌いという人間も 2 人くらいいるだろう。どうでもいいっていう人間が 6 人くらいいることになります。

　だとしたら、高校までに古典を習わない方が、日本の国は幸せなのかもしれない。嫌いな人間が 2 割しかいないのだから。ではどうやってわれわれが教えていくのかという話で、例えば「嫌い」と言っている人間 5 ～ 6 人のうちの半分を「どうでもいいや」に変えて、「どうでもいいや」と言っている 3 人くらいを「好き」の側に入れていくっていうようなことが、われわれにとって目指すべきことなのか。それとも抜本的に日本の古典教育というのは、変えていくべきなのか。

　こういうのを教職志望の学生に問いかけるんです。これからあなたたち、教員採用試験までに考えなさい。こういったことに対する態度を将来の自分の職業観に照らして持たない限り、単に教員は決められた学習指導要領で何となく教えて、半分強制的に古典を教えることになって、古典のおかげで人生狂ったみたいなことを言われながら生きるっていうのはあまりにむなしい人生なので、人が何と言おうとも自分はこういうことで教えるんだというのを自分の中に作っていくという作業を経ないと、教員採用を受

けても仕方がないっていうような話はよくしていたんですね。その時の学生が「じゃあ先生どう思ってんの」って言うんで、「その答えにたどり着くのには、まず自分を見つめてから」と誤魔化しながら生きてきたんですけれども、今日はようやくそれに向かいあうような形になったなということで、そのことを感謝しています。以上です。

飯倉—— ありがとうございました。それではこれからディスカッションに入りますが、このシンポジウムはSNSでも話題になっています。論点が拡散しないように、平行線にならないようにしてくれという難しい注文を受けています。

論点としては、猿倉さんがおっしゃっていた「高校の古典（古文・漢文）を必修にする必要はないのではないか」という提言が基本になると思います。それに付随して、大学における古典教育あるいは古典研究というのが、現在の大学の中の位置づけとして、もっと減らしてもいいのではないかとかそういった問題に展開、発展する可能性があると思います。その辺りが論点になると思います。

それ以上に古典をどう定義するかという問題もありますが、これは前田さんが定義してくださったところで大体議論できるのかなと思います。

基本構図としては、否定派の論理をどのように肯定派が受け止めるのかということを軸としてやるのがいいのではないかと思っております。

否定派の方は大体おっしゃってくださっているので、否定派の古典不要論に対して肯定派の方で何か反論というかお考えがあればお願いしたいんですけれど、いかがでしょうか。渡部さん、どうでしょう。特にないですか？福田さんどうですか。特にありませんか。そしたらフロアに振っちゃっていいですか。フリーのディスカッションを15分くらい予定していたんですけれども、これをカットしまして、一気にフロアの方にいきたいと思います。

フロアのご意見ですけれども、全体として今回の参加者は、分布的にや
はり賛成派の方の意見が大変多いわけです。否定派の方は少ない。ですか
らまず否定派のご意見を受け止めるということで、否定派の方を最初に指
名させていただきたいと思います。アンケートから否定派の方は 3 人ほど
いらっしゃいます。ご意見を言いたいという方が 3 人いらっしゃいますの
で、ご指名させていただきます。ではお 1 人目の方、どうぞ。

2. フロアの否定派 1 人目

■ 議論やプレゼンよりも古典とか古文とかがなぜ必要なのか

フロア── ありがとうございます。反論がないっていうのは……。否定
派の方々がおっしゃっているのは、別に古典とか古文とかを否定している
わけじゃなくて、あくまで優先度の問題として語っておられると思うんで
すよね。私自身も、否定派のお 2 人が必要だって言われた中に「議論す
る能力だとかプレゼンをする能力が必要じゃないか」ということをおっ
しゃっていて、私もそれは必要だと思っています。例えば政治家でも「誤
解を招く発言をしました」みたいなことをおっしゃっているんですけれど
も、それって自分の意見をできるだけ誤解されないようにきちんと正しく
伝えるとか、相手の主張に対して感情的じゃなくて相手の人格否定をする
わけでもなくて、ちゃんと論理的に反論するとかそういった能力というの
が、ちょっと欠けているんじゃないかと思うことがあります。これは政治
家だけができていないのかと言ったらそうではなく、多分全員に必要なこ
とだと思うんです。優先度という観点で考えている時に、そういった教
育、議論やプレゼンよりも古典とか古文とかがなぜ必要なのかというとこ
ろの、優先度という観点でご意見を伺えればと思います。

飯倉── ありがとうございます。優先度ですよね。全否定しているわけ
ではなくて、限られた時間の中で古典（古文・漢文）をどれだけ勉強しなけ

ればならないのかという疑問に対して、どう答えるかということですよね。これはいかがでしょうか。

福田── 優先度という言葉がよく出るんですけれども、まず始めに確認しておきたいのが、いま現在の国語教育において、高校までの間で古典（古文・漢文）より、そういう現代語のリテラシー能力だとか創作だとかそういったものが時間的に少ないっていう意味ですか？

フロア── 私自身はあまりカリキュラムについては知らない部分があるんですけれども、ただ少なくとも否定派のお2人がそういった古典とかよりもそちらの方にリソースを注ぐべきじゃないかということをおっしゃっているので、現状で少ないんじゃないかというふうに考えています。

福田── つまり高校生の限られた学習時間、学修内容ってありますよね。それは国語だけに限らず、数学、理科、ご存じのように音楽、美術、体育の問題もありますけれども、その中の全体の枠の中で古文・漢文の占有率が高いということをおっしゃっているんですかね。それともそれは全体の高校生が学ぶ学修の中で、適切なんだけれどもカリキュラムマネージメントが下手だから占有率が高く見えるっていう、どちらでおっしゃっているんですか？

フロア── それは例えば古典とかを削るんじゃなくて、他のものを削るべきとかそういう話をされているということですか？

福田── ……という考え方なのか、いまは例えば既得権があって、古文・漢文が不必要に時間数が多いというような議論をされているのか、そちらを確認したいんですけれども。

フロア── どちらかと言えば、私は後者の「不必要に」という言い方はちょっと失礼かもしれないんですけれども、私自身の個人の心情としては感じているところがあります。そちらよりも、きちんと議論をできる能力だったり、自分の意見をはっきり伝える能力だったりそういったものが必要じゃないかというふうに思っています。

福田――その辺りは先ほど申しましたが、実はわれわれが受けてきた時の教育と、これから学習指導要領の改変でどこまで期待できるか分からないんだけれども、平成31年度から変わりますよね。そこへの提言という形で、生産的な議論になっていくのが一番いいのかと思うんですよね。

　われわれ的に言うと、冒頭の趣旨説明（前口上）で勝又さんがおっしゃられたように、今回の学習指導要領はわりと古文・漢文を専門にしている教員からすると、脅威に感じるくらい減った。しかも重要度が減っているという危機感があります。それはさらにまだ施行される前に、なおかつそれでも何となく予想してみても恐らく高そうだと言われるのであれば、もうちょっと丁寧な……例えば高校のうちの1年間だけでよいのだとか、やっている領域の中で韻文・散文・演劇があるけれどもそのうちの散文だけで良いのだとか、そういったような形を、いまこの場で決めるということではないんですけれども、やはりそういった形の議論をできたらしていきたいと思っています。

フロア――それはおっしゃる通りだと思うんですけれども、いま私が聞きたいのは、削減される中でなぜ削減されるものよりも古文とかの方が学ぶべきなのかというところをお聞きしたいんですけれども。私の例で言うと、議論したりプレゼンしたりする能力を学ぶっていうことよりも、なぜ古典を学ぶことの方が重要なのかというところです。

■ 古典には「心を預ける」という作業が入る／実用的なものは古びるのが早い

渡部――ありがとうございます。私、最後ちょっと省いちゃったんですけれども、私が提案する授業例の一つで「歌合わせ」をやってみるっていうことがあるんですよね。一つのテーマで善しあしを語るわけです。批判し合う。その時大事なルールがあって、自分のグループのものは絶対褒める。相手のグループのものは絶対けなす。自分がどう感じようが関係ないんですね。自らの立場をいったん切り離して、いわば客観的な立場に立ち

得るという場所で演じるわけですね。そういう訓練を1回しないと、「さあ議論してご覧なさい。君はどういう意見かね」って言われたら萎縮するわけです。つまり教室というのはそれだけ非常に強制的な場で、まず教室自体が演技を要求しているわけなんです。生徒として演じることを強制するわけです。その中でさらにまた演じなきゃいけないっていうのは、彼らにとって非常に困難である。これは優れた先生はそういうのを乗り越えていかれることだろうと思いますが。古典というのはそういうように「心を預ける」という作業が1回入るんですよね。そういうものは「古典を学ぶ」ということにとって、実に生かすべき、生かすことのできるものではないかというのが一つです。

それからもう一つ。「実用的」というのは今度の新指導要領でも強調されています。ここでこれは非常に意味のあることを私は認めます。ただしちょっと勘違いしてはいけないのは、実用的なものというのは非常に目的的なわけです。ある目的のための実用的であるということなんですね。この目的というのが、現在に近ければ、現実的であればあるほど、現在はすぐ変わってきますから、すぐ古びてしまうんです。古びることも早いんです。そうなるとそれまで鍛えてきた、その目的に対する現在性も古くなって、もう1回最初からやり直さなければならなくなるわけです。

実用的な言葉というのは、その目的に奉仕するために意味が限定され、排除しながら成り立っている言葉であることが多いんですね。そうすると一から学び直さなければならないので、かえって非効率だっていうことになるんです。つまり現実的なことを求めると、しかも間違った求め方をすると、つまり性急でありすぎると、非現実的になる、非効率的になるという矛盾も生じやすいんですね。その場合にはむしろ含みを持たせて、多少ゆるやかな形で、それらの問題に関して考えておくということが、むしろ大事になるのではないか。

でもその時にやはり議論とかディベートとか必要だと思います。けれど

「参加感」の方がむしろ大事なので、そこで鍛えられたものが現実的に役に立つこととは、少しレベルが違うだろうと思います。むしろ違うと考えないと。そのままストレートに役に立つということはむしろないんじゃないか。どうでしょう？教えていらっしゃる先生方。そのまま役に立ちますか？やはり一段階、そういった問題は抽象化して、内面化しなくてはなりません。資質、能力ということをいま言っているわけですけれども、自らに内面化しないものは役に立たないんじゃないかっていう気がするんですね。内面化という問題に関して、私は古典は非常に大事なものだろうと思っています。なぜかはちょっと長くなるので話しません。

飯倉── 古典否定派の方からいまの議論についてご意見をお願いします。

■「だから古典は必要である」に至る論理にあるギャップ

前田── 最初の疑問点で、実用的なものよりも古典を重視していいのかという疑問がございました。それに関して二つ答えがございます。

　まず一つ。私のプレゼンの中では芸術科目というのは選択にしてほしいと言いました。だから好きな人にとってはもっと学びたい、古典をもっとやってよ、という人がいても別におかしくないわけです。先ほど音楽、美術の例が出てきましたけれども、高校以降は音楽、美術は選択制です。私は少なくとも選択制で受けました。だから芸術である文学、もちろん古典も含めて、それは選択であるべきというのは、私の一つの意見です。

　それから「役に立つもの」という話がございましたけれども、例えば物理学の素粒子論というものがありまして、非常に人気のある大栗博司先生という方がいらっしゃるんですけれども、その方の講演会の冒頭で先生は「私がやっていることは全く役に立ちませんが」と言います。お話になった先生は皆さん、「私のやっていることは全く役に立ちませんが」という言い方でスタートされる。なので役に立たないものがいらないといっているわけじゃないんですね。

「役に立たないものがいらないって言っているんじゃない」ことと、「だから古典は必要である」ということの議論の間には、論理的なギャップがあるわけです。求められるのは「それが素粒子論じゃなくてなんで古典なんだ」ということに答えていただかないといけないということになります。

飯倉 —— いかがですか。ここはいったん切りますか？じゃあ猿倉さん。

■ 議論のためのユニバーサルスキルは古くならない

猿倉 —— こっちのベクトルに向かうのが良くないのかもしれないけれども、渡部さんのおっしゃったところで否定的に思うのは、議論する時のユニバーサルなスキルについてです。それは古くならないと思うんですよ。

恐らく大学あるいは高校の教育関係者、特に大学の教育関係者の人は自分のところの学生を外国に連れて行った時の動き方ってどうお感じになられていますか。私は10年くらい前は「こいつは英語が下手だからダメなんだろう」と思っていました。でもそうじゃないんですね。議論する文化、プレゼンする文化というのを知らない。感想文しか書いたことがない。発表というのはあんまりやったことないし、人格を攻撃せずに議論するトレーニングを受けてきていない。

これってユニバーサルなことで、議論が上手な国の人はどうしてそうなのかというと、小学校の時から立場を入れ替えてディベートをやってみたり、そういったトレーニングをしているんです。SNSで議論していると、そういったスキルを教えるのは国語科の役割なんじゃないかという人たちがいるけれど、これは企画書、予算書、報告書と並んで、確かに非常に大事な国語の能力だと思うんです。そういうユニバーサルなスキルは、特に仕事する時には、感想文が上手とか俳句が上手に詠めることよりも、多分大事な能力なんです。国語の中での教育のプライオリティは最も高くてしかるべきなんだけれども、日本では「誰々がこう思いました」とか、よく分からない情緒的な文章ばかりが出てくることになってなんか違うんじゃ

ないかな、と。国語の教育はそういうものだと思っていたんですけれども
ね、どこの国でも。特に最近外国の若い人を見て、教育のスタイルが日本
と違うので、日本は英語が下手なだけではなくて、国語教育がまずいんだっ
ていう感じがします。

飯倉── 国語教育の問題にいまなっているので、フロアから何かご意見
があれば。

　「高校教育における古典は芸術科目にしたらどうか」という提言がある
んですけれども、現時点で先ほど福田さんが示されたように、古典という
のが必修になっているのは、国語総合という科目の中で必修になっていて、
これは事実上高校1年生が習う科目なんですね。その上の古文というのは、
2年、3年で習うので、実は選択になっている。しかし実際に受験科目に「古
文」あるいは、センター試験で古文・漢文を指定するというところが多い
ために、選択ではあるけれども学ばなければいけないという部分があるわ
けですね。だから実際に必修にする必要はない、あるいはごく一部だけ必
修にすればいい、あるいは現代語訳で教えればいいというそういう流れと
しては、現在はかなりそういう流れになっている。

　次の文科省の学習指導要領には、現在の「国語」というのと「言語文化」
というのが必修になっている。そこの「言語文化」の中でどれだけ古文を
現在のような形で教えるのかどうかというのは、いま私はよく把握はして
いません。が、先ほどパネリストの方から出たように、少なくなる方向に
はある。だから黙っていても否定派のご意見のようになっていくという流
れはございますね。芸術科目にするというのは、もう一つの、その次の形
であろうと思います。いまこの話題についてはいったん切らせていただき
まして、あと2人否定派の方がいらっしゃいます。すみません、本名では
ないんですけれども、「スゴ本の中の人」どうぞお願いします。なるべく
手短にお願いします。

3. フロアの否定派 2 人目

■ 古典の優先度を可視化できるものはあるか──「幸福」というキーワード

フロア ── スゴ本というブログを書いている中の人です。せっかく否定派と肯定派とお話を伺えるというので興味深く聞いていたんですけれど、渡部さんのスライドの 1 枚目をちょっと見せていただきたいんです。否定派／肯定派でどうも議論がうまくかみ合っていないなっていうのがいやだなと思ったら……、ここです（渡部氏発表図 2）。うまく議論がかみ合っていないなともどかしく思っていた中で、猿倉さんの言っているものと他の先生の言っていることが「あ、かみ合っている！」と思ったのは何かというと、「幸福」というキーワードです。

渡部さんのところだと「古典は主体的に幸せに生きるための智恵を授ける」という部分で、猿倉さんのところだとこんな言い方をしていました、「高校生の生涯年収」というようなキーワードです。お金が幸福なのかというとそれは別なんですけれど、何か測れるもの、幸せというものを猿倉さんはどんな人を作りたいと考えた時に、高校生の 3 年間という限られたリソースの中で、それは「幸せ」だというところがお互いにかみ合っているところだと思いました、辛うじて。

その辛うじてかみ合っているところで、否定派の方から肯定派に求めているのは、「じゃあ幸せをカウントしてみろよ」と。KPI（重要業績評価指標：key performance indicator）は専門用語なのですが、要するに可視化してくれ、数えられるようにしてくれという要望なんだと思います。多分求められている答えが何か結論に近いものだと思っています。

例えば、僕がいまパッとハンドアウトを見ていて気づいたのが、猿倉さんのところで 2 カ所出てきました。一つ目が「出る杭をたたく」、二つ目が「餅は餅屋」。それから前田さんのところに「○○すべし」という箇所が 4 カ所くらい出てきました。猿倉さん、前田さんはあまり古典の古文・

漢文を勉強されていなかったようなんですが、これらは古典の中に入っているものなんですよ、当たり前のものとして。「そんなのただの慣用句じゃん」「ただの言葉じゃん」って言うんですけれども、元の根っこのところをたどっていくと古文なんだよ、漢文なんだよ、っていうところが出てくると思います。

　同じようなもので自分がパッと振り返ると、中国の人と話をする時には項羽と劉邦の話を振るとすごく喜ぶし、「虞や虞やなんじをいかにせん」と言うと、すごくうれしそうに言うんですけれども、こういったように具体的にメリットがあるよって、そういうようなものが可視化できるよっていうのが求められているところだと思います。

　先ほど出た質問に優先度っていうキーワードが出てきたんですけれど、優先度には何かの物差しがあって、この物差しに従うと「古文は何ポイントだから何時間割り当てるべきだ」みたいな、そんな議論が出てくると思います。KPI っていう言葉を使っちゃうんですけれども、そのインデックスになるようなものっていうのは古文としては何かあるんでしょうか。

　例えば、レトリックだとかあるいは歴史だとか、先ほどの福田さんのフィリピンとの交流における平和に対する貢献度とかっていうような、可視化できるような何かがあるのでしょうかというのが、自分がほしい言葉です。言葉というか議論になっています。以上です。

飯倉 —— じゃあこれを、まず渡部さんでしょうかね。

渡部 —— 答えるならば、こういう言い方でしょうかね。幸福度を測るような調査をしたいのだけど、それはどういう基準で考えたらいいでしょう。それはどういう考え方をしたらいいでしょう。それを一緒に語りたいと思いますね。またそういう時に伴うべき学問分野だというふうに思っています、古典というのは。ごめんなさい。それ自体で測ることは多分できないでしょうね。もちろんそういう測る基準ができるなら、むしろ教えていただきたいというふうに思いますけれども。

フロア——例えばパッと浮かぶのが、Twitter なら Twitter でも良いんですけれども、世の中に出ている言葉から「やまとことば」だけをパッと抜いて「これだけやまとことばがあります」と。やまとことばっていうのが、ここの根っこのところを手繰っていくと『枕草子』のここから出ていたとか『徒然草』のここから出てきた、江戸時代の黄表紙から出てきたっていうのが分かると思うんです。それを可視化するような形にすると、僕らが使っている言葉とかあるいはレトリックだとかあるいはその文章表現なんかは、例えば Yahoo! のニュースの中のタイトルを見ると五七五になっている等、生きているのが見えてくると思うんですよ。生きているんだけど見えていないから「意味ないじゃん、必要ないじゃん」というような議論が出てしまうと思います。

渡部——それは非常に面白いですね。例えば連歌をやる時には、寄合書（よりあいしょ）とかがあって連歌の言葉、あとは歌語に関しても歌語事典というのがあります。どういう言葉が歌語なのか注釈も加えたものに、歌学書という歌の学問の書もあります。そこには歌語事典的な要素がすごく用いられているわけです。ああいうのが幸せを測る目盛りだったのかもしれませんね。

　いや、冗談抜きで私自身が考えている発想の元に錯綜（さくそう）という概念があります。言葉たちが連想の中で複雑に絡み合っている。そしてうごめいているっていうんですかね。そういうものから何か発想のあり方みたいなものを客観的に捉えられないかな、というようなことを考えているもんですから、いまおっしゃったアイデアはとても面白く伺いました。ありがとうございます。

飯倉——福田さん何かありますか？可視化について。

福田——そうですね。私はまず「幸せ」というのが曖昧なので、それに向かってお互いがいろいろ提言するということは建設的に議論にならないっていうのが前提なんですけれども。

　もし言葉を多く持つ、多様な語彙（ごい）を、多くの言い回しを持つことが、一

つの人間の幸福につながる、先ほどのディベートとか相手に何かを表現する時に、猿倉さんもおっしゃっておられましたけれども、他人を攻撃せずに遠回しに言いながら正確に相手に伝えることができるのが幸せの尺度とするなら、確かに古典の世界はずっと言葉を広げてきていました。それが何かの形で歌語事典とか連歌の寄合書みたいな形で現代の人間が手軽に使えるようなものをわれわれ国文学者が提供することは可能かもしれません。

　これによっていろいろないまの SNS なんかで発信する時にもそういう表現を使うことによって、何となくもどかしくて言えなかった、例えばいろんな地域出身者がいますね。いろんな年齢がありますね。男女差がありますね。SNS で、顔が見えないながらつぶやき合う時に、同じようなニュアンスで使うというのは用例を集めていけば、こういうふうに使うんだっていうのを提示できるかもしれません。正しい使い方だとか正しくない使い方だみたいな形でいくっていうのが、一つの幸せを測るという発想法になってもいいかなというふうになるんですが。

　ですが、先ほどから出てきている、われわれが憂慮している「言語文化」というものの基本的な考え方がそこに帰結してしまうかもしれないというのがあります。果たして多様な言葉を多様に使えるということだけで、幸福というか幸せを語っていいのかは、はじめに申し上げましたが個人的には抵抗があるということを申し上げたいと思います。

飯倉 —— 否定派の猿倉さんお願いします。

猿倉 —— 確かに幸福という言葉でかみ合ってきたかもしれませんね。どういうものにプロジェクションするかっていうことによって、その目的とするものが何なのかによって違ってきます。

　ここに高校の数学の先生はいらっしゃいますか？いらっしゃらない。数学の教育関係者に怒っているんですが、高校の指導要領から 5 年くらい前に行列が消えちゃったんですよ。なんでここ譲るの？って思います。行列

というのは物理・数学の基礎だけでなく、特にインフォメーションサイエンスでものすごく大事になってきているのに、ここを譲るなよ、と。

何か削っていく時に、科目の縦の壁がなければ、基本的に議論されるのは、古典文法を教えるか、数学の行列を教えるか、英語の会話を教えるか、日本語でのプレゼン能力を教えるか、と考えていくことができます。

仮想的に何かを削る時に、これを削った人たちの間で幸せっていうものを何にするかって言った時、税金でやっている教育ですから基本的に国の生産性とか競争力とか個人の収入にしか幸せ度というのは射影できないのだと思います。実際教育したあとの効果を評価するというのは世の中も変化しますから、結構大変ですよね。評価のアルゴリズムとその最適化というものを開発するのは、教育そのものでしょうと私は思っています。

それで今日ここに出てきたのは、前田さんと私は実は同じ高校なんですよね、教育実験校の。いろいろなところに、まだ私を教えてくださった先生方は、ご存命の方が結構いるんじゃないかと思います。結局、国家百年の計じゃないけれど100年経ったらみんな死んじゃっているわけで、生きている間に「この項目は教わったけどいらなかった」「この項目は習っていないけれど教えてほしかった」というものを、科目を超えて教育の最適化をしていかないといけないと思います。

日本の教育の改革というのは他の国に比べて圧倒的に遅いです。こんなにゆっくりやっていたら日本は沈没するんじゃないかなと。数学の先生がなんで「行列を削るくらいなら古典文法を削ろうよ」と言わなかったんだろうと言っても、言えるわけがないのです。縦割りですから。

それで大学の教員も同様に、入試科目についても縦割りで言えないんだけれども、行列が消える時に、数学を教えている大学の教員もほとんど知らなかったし、他の理系の教員も知らなかった。けしからんことですね。だから結局、高校の数学を教えているごく少ない関係者と教育学部の人がその他のユーザーの意見聴取を行わずに、まずい譲歩をしてしまっている。

101

国語教育の社会がある意味立派だなと思うのは、利益擁護団体として機能しているところです。無駄なものを教え続けられるっていうのが立派だなと、感動しています。

　なんで理系はダメだったのか。理系科目の中でもばらつきはあるんですね。数学は最もダメ。物理は中間くらい。化学はちゃんとしている。地学はもうヘロヘロ。これは特定の関係者がどれだけ頑張るということにせず、国家百年の計ですから、科目の壁を取り払って全部はじめから、ちゃんとやっていく評価のアルゴリズムを最適化していくための調査を誰かがやらないといけない。

　これをやる人は、教育コミュニティーの序列を抜けて、頭一つ飛び出すことができるので、野心的な教育関係者がやるべきだと思います。そう提案したいと思います。文科省の人やトラッドな教育の権威者、権益者とは絶対にやってほしくないんですよ。

前田——補足です。1分で終わります。まず「〜すべし」という言い方の原型が古文にあるという話ですけれども、別に原型がなくても国語辞典に載っています。まずそれが一つですね。だから私はそれを現代語だと思います。例えば「ラジオ」って言いますね。それは英語の"Radio"というのが「ラジオ」という形になって日本語に取り入れられて、英語なんだけれども日本語として使われている。現代日本語として使われています。「矛盾」という言葉は元は漢文ですけれども、それも現代の国語辞典に載っている。だから全部、私はこれは現代文だと思います。以上です。

フロア——猿倉さんのさっきのプレゼンのところです。ちょっとだけ反論になっちゃって申し訳ない。どっちかと言うと否定派の方に今日は立とうと思っているんですけれど。

　エミール・シオラン（Emil Mihai Cioran）というフランスの哲学者がいて、「国語とは祖国だ」って言い切っているんですよ。国語なんですよ。国語って言った瞬間、振り返ってみると、いままでの先人たちの積み上げの上に立っ

ていて、これはいるとかいらないとか否定してしまうっていうのはちょっとまずいなと思っています。

　Wikipediaで「死んだ言葉」を検索するといっぱい出てきます。例えばスウェーデン語なんてそうなんですけれど、「フランス語と英語があるじゃん」というのでちゃんと教育してこなかったから消えてしまいそうになるんですよ。日本人が日本語を消そうとするっていうのはやはりまずいなと思います。でも限られたリソースがあるんだから、その中でやりくりするためにどうすればいいんだという時に、さっきの優先度の話に戻ってくるのだと思います。

　猿倉さんがおっしゃっていた「類友」の話なんですけれども、理系の方の、僕はどちらでも立てる人なんですけれども、そちらの立場に立って、さっきのオイラーの公式のところで言うんだったら、吉田武さんが『虚数の情緒』（東海大学出版会）っていう素晴らしい本を書いていて、「虚数を理解するためには情緒が必要だ」というところがある。そっちにも寄れる、どっちにも寄れるんですけれどもという、理系の人からするとあんまり古典やってこなかったから「よく分かんねーや」ってなるし、文系の方からすると「オイラーよく分かんねーよ」ってなっちゃっているから、そのお互いのところがかみ合う何かっていう、今回だったら「幸福度」とか「優先度」みたいなもののインデックスって何かなという話ができたらなっていうふうに、ちょっと話を戻してみました。以上です。

飯倉──はい、ありがとうございます。何となく建設的な方向に向きそうな雰囲気を醸し出してきました。実は否定派がもう1人いらっしゃいまして……はい、お願いします。

4. フロアの否定派 3 人目

■ 現代語訳で古典を解釈して教えることは不可能なのか

フロア── 議論を矮小化してしまいそうで申し訳ないんですが、単純に古典を学ぶにあたって、古文の文法やその知識が必要かどうか。現代語訳で古典を解釈して教えることは不可能なのかどうかということをお尋ねしたいのと、あと高校生が入試において古典文法があるというお話を司会の方から伺いましたけれども、恐らく将来的に古文をいわゆる生活の糧として使っていく道はやはり絞られると思うんですね。それであれば古典を学ぶのは自分がその道を志すという思いを固めた、大学に入ってからでも遅くはないのではないかと。そういうことから鑑みて古典を否定するのではなく、古典を教えるという、高校生までの教育課程においてはすべて現代語訳で通すという道はいかがなものかと思います。その点についていかがでしょうか。

飯倉── ではどうでしょうかね。いまのご提案に対してどなたかご意見、どうぞ。マイクをお願いします。

フロア── 中学校と高校で古典、国語の教員をしております。よろしくお願いいたします。現代語訳で教えることは可能かということなのですけれども、これは教室でもよく声が上がるところでして、でもそれでしたらもう現代文でいいのではないかと思うんです。やはり古文を原典で学ぶ意味というのは、他者との出会いというところがあるのではないかなと思います。英語とか外国語も他者なんですけれども、古典はどこかで自分につながっているけれどもどこかで自分とつながっていない半分他者みたいな、そういうものを読むということは、自分の思想や主体を作っていく時に、人間形成上に何か意味があるのではないかなと。ただそれは数値では測れないので、ちょっと難しいなと思っているところです。以上です。

飯倉── ありがとうございます。はい、どうぞ。

フロア——いま英語にたとえられたので逆にお尋ねしたいんですが、古文は現代語とはもう全く別の言語ということであれば、他者との邂逅、その他いまおっしゃられたことは非常によく分かるんですが、先人の残した文献ではあるので同じ日本語のルーツですから、それを現代語に置き換えることで何か問題が生じるのかな？と思うんですね。例えば明治時代に書かれた文学作品も、いま恐らくほとんどの方は文語体で読んでいらっしゃらないと思います。時代の違いはあれ、同じことが古典にも言えるのではないかなと思うのが私の考えであります。

飯倉——ありがとうございます。前田雅之さん、手短にお願いします。

フロア——今日の議論は「古典とは何か」、「古典研究とは」じゃなくて「古典教育」となっていますけれども、なぜ原文がいいか。古典の文章は、連想と記憶を中心に作られていて、近代の論理でできていない。ですから訳したら必ず無理が出ます。逆に言うと、連想と記憶によって作られた言説を理解することを通して、他者理解が可能になると私は思っていますので、横に訳がついていてもいいけれども原文というのは大事かなと思っております。以上です。

飯倉——ありがとうございました。いまの問題について特にほかになければ、次に進みたいと思います。猿倉さん。

5. ポリティカル・コレクトネス（political correctness）の問題

猿倉——言葉の数が多い方がいいかどうかという問題は結構大事だと思うのです。最近のアメリカ英語（米語）は50年間でものすごく簡単になってきているはずなんです。それはなぜかと言うと、簡単な米語を話さないと選挙に勝てない、ビジネスができない。

　今後日本も基本的に外国人を受け入れていくわけだから、そういうベクトルになっていかざるを得ない。基本、学術は英語でやっていくけれど日

常生活はやはり日本語でやらざるを得ない。事務とのやり取りや、日常生活を日本語でやることになった時、日本語は意図的に簡単にすべきなんじゃないかなと思います。政策として。語彙は減らすべきです。

　言葉とナショナリズム・愛国心という話があるんですが、言葉の文化ではない愛国心・ナショナリズムというのは、作れると思うんです。それが芸術教育だと思う。SDGsの観点や現代的なポリコレの観点で言うと、ほとんどの古典はNGになるはず。ですがそれをちゃんと選んだもの、あるいは日本のアートっていうのは結構受けが良いですから、もう少しそれをうまくディスプレーしていけばよいのではないか。

　例えば外国人に何か説明する時に、国宝を一覧で見られるようなフリーサイトが全然ないんですよね。それで「君はこれが分からないとここの美術館に行く価値がないよ」というような話をする時に、探すことができない。いい意味の愛国心というのは押し付けでは絶対できないので、それを作る日本文化、アート、古典も含めた教育をちゃんと作っていかないといけないのではないか。いまの古典教育はフォロワーを作るより、反発者を作る方が多い教育になっている。そういう視点でもう少し日本の文化教育を考えていかないと。せっかく売れるコンテンツというか、外国人で、残念ながら私のところは文学好きな人は全然来ないけれど、風景とか食べ物とかアートとかを見たい人がたくさんいるのに、全然アピールできないですよね。これが悔しいことにヨーロッパとの違いかなと。彼らは大したものを持っているわけじゃないと思うんだけど、彼らの文化のディスプレーの仕方が非常にうまいです。日本は日本の良いところを、教育においても外国人に見せる時においても、ディスプレーすることが下手なんじゃないかと。しかも歪んだ教育をやっているから、反対派の人たちを結構作っちゃっている、しかも日本の中で。これは残念だと思います。

飯倉――いま、ポリコレの問題が出まして、要するに古い道徳や倫理観みたいなものを古典が無意識に刷り込んでいるのではないかというのが猿

郵 便 は が き

114-8790

料金受取人払郵便

王子局
承認

7004

差出有効期間
2023 年 06 月
15 日まで

東京都北区東十条1-18-1
東十条ビル1-101

文 学 通 信 行

■ **注 文 書** ●お近くに書店がない場合にご利用下さい。送料実費にてお送りします。

書 名 _____ 冊数 ____

書 名 _____ 冊数 ____

書 名 _____ 冊数 ____

お名前 _____

ご住所 〒 _____

お電話 _____

読 者 は が き

これからの本作りのために、ご意見・ご感想をお聞かせ下さい。

この本の書名 _____

....

....

....

....

....

お寄せ頂いたご意見・ご感想は、小社のホームページや営業広告で利用させて
頂く場合がございます（お名前は伏せます）。ご了承ください。

本書を何でお知りになりましたか

....

....

文学通信の新刊案内を定期的に案内してもよろしいですか

はい・いいえ

●上に「はい」とお答え頂いた方のみご記入ください。

お名前 _____

ご住所 〒 _____

お電話 _____

メール _____

倉さんの主張の一つなわけですよね。これはとても重要な論点で、それを否定できるのかというところがあると思うんですが、その点に関して意見のある方、あるいはパネリストの方で。どうぞ。

フロア——すみません、いまの限定した話で。男女差別とか身分秩序とかそういった話ですよね。もちろんそういった面はあると思うんですけれども、例えば古典というのは良いか悪いかは別として、古典の授業というのは平安時代中心主義みたいなところがあります。やはり『枕草子』とか『源氏物語』、これはいわゆるですけれども、そういった作者たちというのが女性であって「かつてこういうように女性たちが光っていた」というようなことも言えるのは事実です。

　それと身分秩序ですけれども、これはもう渡部さんが言えばいいと思うんですが、和歌の世界っていうのは贈答しても和歌の中には敬語は出てこない。帝であろうがその辺にいる女性であろうが、相手に対しては「君」と呼びかけるというような、和歌の上の平等といった部分もあって。どちらもさっきおっしゃった言葉で言うとディスプレーの仕方じゃないかと思います。以上です。

飯倉——はい、ありがとうございました。ほかに補足とか意見がありますか。よろしいですか。小林ふみ子さん。

6. 多文化化していく社会で、教育の対象は誰か

フロア——すみません、いまの話と直接と言うよりは、その前の話に関連することです。現代語訳ではダメなのかというところなんですけれども、いま「謙虚さ」という言葉の意味や使い方を巡って日本と韓国でこんなに文脈が違うんだということが政治上で問題になっていますよね。そういった翻訳するとニュアンスが変わってしまったり、抜け落ちたりしてしまうことがあるということは、高校教育で言うならば日本語と英語でしか体験

できないと思うんですけれども、日本語と英語だけでは考えられなくて、古典語をもう一つの参照項にして3つで考えることでいろいろな言語体験になっていくっていうことがあると思うんです。

それに関わって、外国人を受け入れるという話ですが、現在は外国に日本文化を売り込むみたいなアグレッシブな方向にいっていますけれども、足元にはすでにたくさん留学生たちが来ている。労働者も来ているっていう、そっちの方も視野に入れて考えなきゃいけないと思うのです。

それからその時に、先ほどから否定派の皆さんが想定している教育の対象って誰なのかと考えた時に、世界で勝てるビジネスマンとか論理的なディスカッション能力が求められるというのは、基本的にホワイトカラーの層、現在の大学進学率でいうと50％くらいしか想定していない感じの議論だと思うんです。しかし、高等学校までの教育の対象には大学進学しない40数％という人たちもいると思うんですね。そこの人たちには何が必要なのか。ますます皆さん、現代語訳しかいらないんじゃないかというようになるかもしれないのですけれども、多文化化している現代社会の中で、若者に望みたいのは、差別しない人間になるということだと思うんです。つまり異なる他者に対してどのように共感できるのか、どのように想像をおよぼすのか。その時に、古典という「異質な」、と言ったら異質じゃないとおっしゃるかもしれませんが、異なる考え方や価値観をもつテキストと出会うことに意味があると思うのです。さらに例えば中国の要素がどのくらい入っているのかも考えてほしいし、それから自分たちにとって古典がこういうふうにして在るならば、日本に来ている外国人たちもそれぞれ文化的な背景を背負って来ている人たちなんだという、そういう共感に結び付くと思います。

特に否定派のお2人には、皆さんが想定していなかった残り40数％のブルーカラーの労働者、あるいはブルーカラーの労働者と完全に重なるわけではないでしょうけれども外国にルーツを持っている子どもたちもどん

どん教育現場に来ていると思うんですけれども、そういったものを視野に入れた時に何かお考えになることがあるかということをお聞きしたいです。すみません、話ずらしまして。

飯倉 —— では前田さん。

前田 —— 一つお答えします。まず外国文化、それからいろいろな話があるという中で、翻訳するとニュアンスが変わるという例をご紹介になりました。例えば日本と韓国の間で「謙虚さ」という言葉の意味が変わっているというように言われました。

　私は変わっているのは「謙虚さ」の意味ではなくて、立っているポジションだと思うんですね。誰に対して謙虚さを求めているのかというところが違っているだけで、「謙虚さ」という言葉が持っている意味は同じだというふうに思っております。

　それから外国の方たちが来られて、その人たちの背景もちゃんと知るべきだよと。それはその通りだと思うんです。なので日本の歴史的なことを学ぶと同時に、やはり海外の歴史的なことも学ぶべきであるというふうに思います。ただそれは学ぶべきなんですが、それが古文で書かれた古典でなければならないというところに議論の、論理のギャップがあって、それは納得していません。現代文で「過去にこういうことがありました」。それで十分だと思います。それから意味が変わってくるというのは確かにあるわけですので、それは先ほどの私のプレゼンの中でお示ししたように、原文は短いんだけれども翻訳文は長くなるんですよね。そうやって長くして誤解が起きないように、意味を説明して翻訳すべきだというふうに思います。

飯倉 —— ありがとうございます。ちょっと議論が尽きないんですけれども、時間もございますので、いったんこの問題は打ち切らせていただきます。それからまだ質問を希望している方が20人くらいいらっしゃるんですけれども、全部は対応できないのでここで方式を変えまして、挙手をし

てください。その方を優先します。元気よく挙手した方を優先。はい、ど
うぞ。

7. 古典に触れる機会を残しておきたい

フロア── いま、高校で国語を教えている者です。以前中学校でも教え
ていたことがあります。いま私の勤務している高校はちょうどいまのご意
見にあったように、大学進学をする生徒はほとんどいなくて、就職あるい
は専門学校というところです。

　私は古典が好きなんですが、果たして必要だろうかと問われた時に、今
日お話を聞いたらやはり必修ではなく選択である方が好ましいのではない
かという意見に少し流れました。その理由は、現在私の勤めている高校の
カリキュラムでも、実際2年生になって選択科目になり、1年生の時も国
語総合で古典に触れるという、それに尽きています。では古典は本当に必
要ではないのかというと、ちょっとそこは違っていて、『枕草子』が「ま
くらのくさこ」という人の名前だと思っている生徒がいるくらいの学校な
んですが、それでも例えば六条御息所についての話を振ったりすると、六
条御息所の気持ちに共感したり、あるいは反発したりする女子がたくさん
いるし、猫又だと思って驚いて水に飛び込んだら、実は飼っていた犬だっ
たっていう話を授業でやると、勉強があまり好きではない子でもニヤニヤ
と話をする、話を聞くことがあるんですね。こんなばかばかしいというと
変なんですけれども、面白い話を授業でできるというのはもしかしたら古
典なのかなと最近思うようになっています。それでは現代語訳でそういう
話を持ち出すと何を使えばいいんだろう、とか。一番分かりやすいのが古
典のそういった『枕草子』だったり『徒然草』だったり、昔から読まれて
いる文章を引っ張ってくることなのかなとも思いました。現代語訳でもも
ちろん構わないですし、授業の中で現代語訳を使ってやることももちろん

あるんですが、たまに「たり」と「けり」の違い……「けり」って書いてある方は「た」って訳すよね、「たり」って書いてある方は「ている」って訳す。じゃあ「たりけり」だったらどう訳す？「ていた」って訳すって言うと、「ああ～！」って納得する。そういうアハ体験みたいな「納得したな」っていう経験をできるのは、言語が違う面白さかなと思います。面白い授業をやりたいと常に思っているので。必修ではなく選択であった方が深く学びたい生徒が学べるというはもちろんですし、ただ広く古典に触れる機会を残しておいてほしいなというふうに思っている次第です。以上です。

飯倉── ありがとうございます。どうぞ。

8. 古文・古典の意義とメリット

フロア── いま、大学の学部の方で教育学を専攻しています。先ほどからいろいろな話を聞いていると、古文というものは内容の方でいろいろな効力があるんじゃないかという話なんですけれども、それだけだとやはり古文でなくてもいいやという否定派の方々の意見はすごく納得ができるんですね。ただ僕自身は肯定派の方の立場に近くて、もう一つ古文を内容として学ぶこと以上に、古典文法の方にやはり一つ意義があるんじゃないかと思っています。

なぜかというと、以前「水曜日のダウンタウン」というテレビ番組で、「絵描き歌は完成形を知っていなければ描けない説」というのをやっていたんです。確かに歌を流しても全然書けないんですよ。日本語はみんな普段から親しんでいるじゃないですか。知っているからできると思っているんですけれども、案外細かな文法のところは古文に生きている部分がたくさんあると思うんです。なので古典文法というのが絵描き歌の完成形とは言わないまでも、点線みたいな示し図の部分になるんじゃないかと思っている

んですね。

　以前行った指導先の学校の子どもで、オ列長音ってあるじゃないですか。伸ばす時に「お」にするか「う」にするかというので、オ列長音をクラスの半分以上が間違ったんですよ。授業をやらせていただいたので、オ列長音の勉強を少しやってみたんですね。そうすると「お」というものと「う」というものはこうやって違うんだと分かるわけなんですよ。補助動詞を漢字で書くかどうかとか、ら抜き言葉がいいかどうかということも、やはり古文の中、古典文法の中に生きていると思うんですね。そういう意味では古典文法を学びながら、古文の内容を学べる古典という授業は十分に意義があるのではないかと思っているんですが、否定派の方々のご意見を伺えればと思います。長々とすみません。

前田——例えば英単語を覚える時に、元々のラテン語ですとか言葉が入ってきた経緯を知っていると覚えやすいという話が実はあるんですよね。それは確かに一つのメリットとしてあるんですけれども、そうやらないと覚えられないかというと、そんなことはないわけでして。いまの音の問題に関しても、「現代語を正しく使いましょう」という教え方でなぜ悪いんだという気がしますね。

フロア——ありがとうございます。そうすると今度は絵描き歌じゃないですけれども、結局それがどういう枠組みの構造の中に生きるかどうかということが分かれば、多分に応用が利くものにもなると思っていて、ただ知識だけを刷り込むよりは、そういう構造から入ることに意義を見いだしたいと思うんですけれども。

前田——残念ながら言語は生き物ですので、そういう法則が全部当てはまるとは限らなくて、例外がいっぱいあるんです。下手に法則で覚えようとすると、そういう例外に引っかかってしまうということがあって、それは必ずしも勧められないと思います。

フロア——ありがとうございます。じゃあこの辺で。

飯倉—— それでは発言していない方を優先します。

9. リベラル・アーツとしての古典を起点に、ユーザー目線の制度設計を考える

フロア—— 形の上では賛成ということでアンケートを出しましたけれども、かなりきつい条件がついているというふうにお考えください。と申しますのは、私の年代と言いますか、ギリギリ戦中派生まれなんですけれども、高校の先生でも年配の方だと戦前の教育を受けていますから、古典の時間あるいは国語の時間で、脱線すれば『古事記』の話が出てくる。そうしますと自分でも調べて、現代語訳だけじゃなくて原文に立ち戻っていく。そうすると上代のある特殊な文字について7個母音があったとかそういうようなことが学べる。それから『源氏物語』なんかもこれは難解なんですけれども、得意な先生がいらっしゃって、そういう話をされる。私は個人的には古典とか漢文が好きでした。

　いままでの話であまり強調されていないなというのは、古典といえども、人文科学の中に位置づけられるだろう、もっと広く言うとリベラルアーツであるということです。この主たる目的は何かというと、人間関係について学ぶということだと思うんですね。いまの若い理工系志望の人を見てみると、人間関係に関心を持たず、ある特殊な分野についてはギーク（geek）になっている。オタクですよね。こういう方が将来いろいろな組織の長とか会社のトップになるかというとそうではなくて、むしろそのギークとして能力を発揮できるんです。

　ですが、やはり社会の中の一員として考える時には、人文科学でいろいろな分野がありますけれども、そこで教えられるような人間関係を学ぶという機会がある。それは古典もその役割を担い得るだろうという、そういう条件付きで、私は肯定しているわけです。

いままでの話ですと、非常に専門的な、文法であるとか用語の使い勝手のことがあるんですけれども、そうなってしまうと、古典を学ぶこと自身がギークになってしまって、おかしいわけです。やはり日本の古典だけでなく、外国の古典も含めて、このストーリーの中には人間の関係のいろいろな例が出てきます。それを現代から見て、すでに 1000 年も 2000 年も前にこんなことがあった、それがいま、歴史も部分的には繰り返されるということが学べます。こういうことが、理工系でだんだんギークが増えつつあるように見えるんですけれども、そういう状況を改善するために、人文科学の一つとして古典も担う必要があるのではないか。その点がちょっとあまり強調されていなかったのではないかなと危惧しています。その点についてちょっとコメントさせていただきました。

飯倉 —— いかがですか。

猿倉 —— いまおっしゃっていたところは、あえて私は今日脱線になるのでしなかったんですけれども、最初の私の発表の図 14 です。これは日本語の人文学全般が微妙だということです。

結局人文学をやっている人のための人文学になっていて、人文学をやっていない人たちというのが世の中の 99％だ。その人たちの目線に立って活用可能なものになっていないから、かえって負の教育になっているものもある。だからユーザー目線に立った人文学の教育というのを、私は人文学の専門でも何でもないけれど、理系の学部生のための社会学とか国際関係論というのを何かアレンジしてみたい気がしますね。結局世界史・日本史というのはまず理系の学生は受けてないわけですよ。それで哲学も宗教も何も学んでいない。これは非常に危険です。変なカルトにはまる人も出ちゃう。なんでそんなことが起こるのかというと、高校以前あるいは大学の教養相当のところの人文学がダメだからで、自分たちのための人文学になっているから受ける人の役に立つものに全くなっていない。これだと、その外の人たちから見た時には「こんなものいらないや」となる。それで

スコアも悪いんでしょうとなる。

最近文系の人と関わりがあるようになってきたので、文学部は微妙なんだけれど、応用人文学というふうに考えている人の科はもう少しユーザーのためのインターフェースがありますよね。理学部と工学部っていうカテゴリーがありますけれど、多分文系も理学部的な人文学と応用人間科学的なものに分けて、ユーザーは誰か、出口はどこか、と考えていかないと孤高の天才を輩出したり、ノーベル文学賞を取ればいいんだろうけれども、そうじゃない限りいらないよと外の人は思うようになるんだと思います。

福田―― これは私も先ほど言わなかったんですけれども、要するに高校生の段階で文系／理系と分けますよね。先ほどの私の発表の時は問いで終わりましたけれども、本当にわれわれが大人として、子どもの教育として、文系／理系クラスと分けてあげるのがそれぞれ幸せになれるんだと考えて分けているならいざ知らず、そうではない。教師の側が受験で自分の学校が成功したいという進学校があるんですよね。その場合は単に入試制度のためだけにそれは作られているわけです。ここでもしも可能であれば、そこで文系／理系を分けることはやぶさかではないかもしれないけれど、理系に分けたところにいま猿倉さんがおっしゃったような理系用の古文の授業があったとしたら、これはダメなものなのですか。

猿倉―― ダメだと思います。まずポリコレ的センスで、古典のコンテンツの考え方というのは偏っているから、哲学の中で西洋の哲学も含めてOne of them として教えるのだったら私はやるべきだと思う。そしてそれは現代語であってしかるべきだと思う。

福田―― 猿倉さんと言っていることは実はあまり変わっていなくて、私が申し上げているのはそういうことで、理系のクラスを高校生の時に作りますよね。高校生の中で別に8コマでなくても、5コマであっても構わない。そこには西洋の文学も入っても構わないし、西洋の哲学が入っても構わない。もちろん当たり前ながらドイツ語を高校生に原文で読ませるわけにい

かないんだから、それも全部現代語で教える。その中に日本の古典が入り続けるということは、日本の古典だけを特別視するということでしょうかね。

猿倉 —— そこでですね、高校生は一つの科目でコンパクトに概論で教えるべきです。理系の教養相当の学年の時に1コマか2コマ取りますよね。でもあれっていうのは楽勝科目でしかみんな取らないですよ。私もそのうち暇になったら提案しようと思っているのが、理系全般に必要な、理系ビジネスのための社会学とか人文学というものです。ユーザー目線に立ったものを設計すべきなんだ。それは少ない知り合いとかいろいろな人に振ってみても、そういうチャラいことはできないよと言う。人文学研究者はそういう感じになっている。

でも本当は、本当はっていう言い方は変なんだけれども、自分のところの比較的出来のよさそうな学生の集団を見ていても、いろいろな国の人がいる時に踏んじゃいけない地雷とか気をつけなきゃいけないところとかがいっぱいあるのだけれども、それを海外に連れてくる度に「こことここを押さえてね」というようなことを言うのは非常に疲れる。それは本来、高校までの人文学教育がまともであれば、私が言う必要のないことなんです。

高校の社会科の先生とか人文の先生というのは、実際その人文学的知識を持った人がどういう現場でそれを使っているかを多分見ていないはずなんですよね。意外なことに、世界史とか日本史とか関係ない理系のそこそこの人たちというのは、外国人とものすごく接するから、そういうインターフェースが非常に大事なのです。語学も大事だけれど、そういう文化的インターフェースが非常に大事なんです。

擁護するつもりはないのだけれど、日本文化のセールスマンとしての彼らの働きというのはすごく大きいんですが、人文学的な知識もないし、日本文化のセールスもできない。これは結構残念ですね。これは高校以前に本来やればいいのかもしれないけれど、いまの日本の人文学の教育の現状

を見ると、やはり自分のところの学生にこういう社会科、こういう人文学を教えたいんだよねというカテゴリーの理系教員の人がカスタムデザインをしない限り、ほしいプロダクトは出てこないと思います。それが日本の人文学全般に対する、単に国際スコアが悪いという以上の不満ですね。

福田── 最後に提案ですけれども今度新しく変わる学習指導要領に、選択の「古典」というのがあります。私がいま教科書で関わっているのはどちらかと言うと工業高校とか農業高校のもので、つまり生涯において高校生の時にしか古典を習わなくて、一生古典に接することがないという学生のための教科書作成をしているんです。先生の提案されている、高校生向けの人文学の教科書をもし作ろうとなった時に、このメンバーで作るということは可能ですか。教科書会社の方がいらっしゃったらぜひ役立てていただきたいんですけれども（笑）。

前田── すみません、一つだけ言わせてください。「自由度」というキーワードがすごく大事だと思っていまして、大学に入ると必修科目ってすごく少ないんですよね。中学の時は全部必修です。高校では必修が多すぎると思うんです。もっと選択で良くて、「もっと早くにこんなことを勉強したい」「これをもっと深く勉強したい」という自由度を与えるべきだと思うのです。古典をやりたいという人はもっとたくさんできるようにしたい。いやだっていう人は止めちゃえばいい。それぐらいのことを考えています。

　それから社会学です。皆さん社会学と理系の学科は関係ないと思っていらっしゃるかもしれませんけれども、少し前に話題になったトマ・ピケティの『21世紀の資本』という本がありました（図4）。これは2割の人が8割の人の、いやもっと極端で、0.5％の人の所得が全体の20％を占めるとかいう法則なんですね。ただこれは社会学の法則ではなくて、実は物理法則なのです。ランダムにお金を持っていた人がランダムにやり取りをする、商売をしたとすると、その富の分布というのはボルツマン分布（Boltzmann distribution）と呼ばれる格好になる。われわれはいまここで「暑い」「寒い」っ

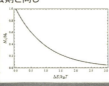

図4

て言っていますけれども、この気体の分子がどれくらい激しく動いているかというのが温度になるわけですが、その速度の分布というのがボルツマン分布になっている。だから放っておいたらそういうふうになるというのは、理系の目から見れば当たり前なのです。そういう目で見ないと、社会学には社会学の法則があると思って見ていると、これはやはり時代遅れになりかねないというふうに思います。

飯倉——では次に進みます。いま3人が同時に挙手されました。どうぞ。

10. その他のフロアの意見

フロア——まずこの企画を立ててくださった先生やアウェーの中で否定派で来てくださった先生方にお礼を申し上げます。今日は「高校の古典教育は必修にするべきか」が一番大きな問題になっていると思います。私はやはりそれは必要だと思うんです。いま高校まではほとんど義務教育と言っていいようなものですが、そこまでで一通りの自国の背景や文化を知っておくことが必要です。しかも本物に触れてほしいです。理解までは難しくても。そういう経験はぜひさせておきたいということと、古典が無駄ならともかく有害と言われるのは納得できないところがあります。

確かに古典の中には、現代の価値観とは合わないもの、人権とか男尊女

卑とかもありますが、そういう負の遺産、負の歴史もあったんだというこ
とをきっちりみんなが理解する。その上で現代のいろいろな価値観を相対
化したり、いまのこのいろいろな価値観の大事さに気付くというか理解す
ることもあったりするので、やはりその負の部分も知っておくということ
も非常に大事じゃないかと思います。

　あと否定派の方で、必ずしも今日の先生方はそうじゃないと思うんです
が、高等教育を効率化とか能率化で測ることの危険性を非常に強く感じて
います。というのはいわゆる PDCA（Plan〈計画〉、Do〈実行〉、Check〈評価〉、
Action〈改善〉）は予定調和でしかないと思うのです。つまりそこから漏れ出
るような偶然性というのが、教育あるいは科学の発達でも重要だと思うの
です。ですからその辺の全体的な国の動きに強い危機感を持っているとい
う中で、人文学とか古典の意義を捉え直す必要もあるのではないかと私は
考えています。

飯倉——ありがとうございます。先ほど手を挙げていた方お2人いらっ
しゃいます。その方で終わりにしたいと思いますので、手短に。すみませ
ん、お願いします。

フロア——國學院大學文学部に所属しております斎藤と申します。よろ
しくお願いいたします。質問が2点ございます。一つ目は肯定派の方にお
聞きしたいのですけれども、古典教育というのが中・高では追いやられて
いて、大学では教養の方で、就活に向けての力を養おうみたいな、古典が
いま現在追いやられているという現状があると思います。その追いやられ
ている古典という現状について、一つ肯定派の方々にお聞きしたいと思い
ます。

　二つ目は否定派の方々にお聞きしたいんですけれど、国語教育の目的の
部分で、リテラシーという議論の方法や論文の書き方を国語で学ばせろと
いうことだったんですけれども、その方法を学ぶのであれば別に国語だけ
じゃなくて、数学とか理科とか社会でも教えられるのではないかと。なぜ

そこで国語だけに押し付けるのかなというところが、一つ疑問としてあります。ですので理数科目によるリテラシー教育について、何かお考えがありましたらお聞きしたいと思いました。以上です。

飯倉——いまのご質問については、最後に登壇者の方に一言ずつ言っていただけるので、その時にお答えいただくということにします。まず質問の方を先に。

フロア——失礼します。大阪の高等学校で国語を教えております。Twitterで八神夕歌という名前で、いろいろ情報発信をしております。いままでの議論の中でだいぶ面白いところにまとまってきたのかなと。先ほど福田さんがおっしゃったように、4名の先生で教科書作られるのが一番かなというのが、私が最初から思っていたところでした。私の思うところに落ち着いたなと思うのですが、一点文系／理系の分離と大学入試の問題という話のところで、実は猿倉さんの非常にロジカルな資料の7ページのところ（図5）。これは絶対に落としてはいけない議論だと思うんですけれども「理数系教育」というところで「7割（9割）の落ちこぼれを作っても実際に役に立つ3割（1割）の出来が良ければそれで教育の社会的還元性は最大化できる」と。これ実は20年前に三浦朱門が言っていたことなんですよ。三浦朱門が言っていたことに寺脇研が乗っかってでき上がったものです。これを私たちはゆとり教育と呼んでいたわけです。

　ゆとり教育というものは結局「1割のエリートのために残りの9割をど

理数系教育 （KPI確保の原動力、含む経済学）

7割（9割）の落ちこぼれを作っても　実際に役に立つ3割（1割）の出来が良ければそれで教育の社会的還元性は最大化できる。
（ここの割キリが出来ていない。）（指導要領をA層、B層で完全分離すべき？）
理学のための教育と　応用科学としての教育の方向性の分離は高校レベルでは存在しない。
実際にKPI特にGDP的射影に大きな影響を出すのは　精々TOP1%？
この傾向はさらに進行。（ここの出来が日本と米国の差の一つ）
早期のエリート教育を検討する段階？

図5　編集部注：本図はシンポ当日配布されたパネル発表ハンドアウト中のものである。

うするんだ。もうほったらかしていいじゃないか。全員にガチガチの教育をする必要がないから、残りの9割にはゆとりを与えてあげよう」というのが、ゆとり教育の元々の目的だったわけです。それが実は20年前に議論された時に、国語はどうなったかというと国語総合になったわけです。国語総合というのは、現国・古典という分離を何とかしよう。単元という観点でまとめ上げて国語というものを再編しようという考えで文科省が恐らく打ってきたはずなのです。ところが実際の現場ではやはりいまも、現国・古文というのは分かれてしまっているわけです。要は失敗しているんです、猿倉さんがここで書かれている「残り3割～1割の出来が良ければ」というこの目論見は。文科省が打ち出したにも関わらず、実は現場の抵抗によって失敗しております。

　さらに言うとなぜ失敗したのかという時に、この議論というのはすべて――私も含めていまここにいらっしゃるすべての方に当てはまると思うんですけれども――エリートの議論なのです。要は先ほどから何名かの先生がおっしゃっておられましたけれども、現状古文にアクセスしない学校というのはあるわけです。私もいまは進学校ですけれども、いままでずっと実業系の高校でしたので、2年生3年生とも国語がないという学校で教えたことがあります。国語総合だけです。2、3年生は一切ないんです。選択で辛うじて国語表現があったくらい。それ以外に前の学校では古典Aは現代語で教えていいというふうに学習指導要領に書いてあるんです。去年、私は現代語で全部教えていましたし、実際問題として古典を現代語で教えている学校というのはそれなりにあるんじゃないかなというのは、ちょっと前提として持っておかなければいけないというのが最初に抜けていたかなという気がしております。

　その上であと一つ爆弾を投げたいなと思うのですけれども、古典が必要なのかという話じゃなくて、そもそも教員免許というのが戦後恣意的に作られたものなんです。それまでは修身であったり綴方であったり幾何で

あったりとか、そういうふうな教科の枠組みがあったものを、戦後の教育改革によって国語・社会というふうに分けたわけです。その中で国語の免許、社会の免許を取って、その国語の免許を取った人が国語を教えて、さらにその人が国語の教師になっていってというふうに、これは再生産されていっているわけです。となってきた時に、私はこれは猿倉さんのご意見に乗るんですけれども、国語という教科はそもそも必要なのかな、と。実はそこを国語教師が問われているのに答えようとしてこなかった、この不誠実さを責められているんじゃないかなというふうに思っております。私自身は古典専門ですので、肯定派に立たざるを得ないんですけれども、はっきり言って猿倉さんのご意見に100％に近いくらい賛同しております。その上でこれはお聞きしたいんですけれども、教科という枠組み自体が、根本的に国家戦略的なものなのです。国家百年の計という言葉がありましたけれども、そろそろ見直さないといけない時期がきているんだなと。制度疲労を起こしているんだというのは間違いないと思うのです。その中で古典だけを取り出して話をしているから、何となく議論がかみ合わないなというふうに思っているのです。

　ではどうするのかという話で、先ほどから選択科目、しかも芸術科目に入れるべきだと。これは非常に面白い意見でして、例えば中学校だと書写ですけれども、高校では書道になるのですよね。その芸術科目にできるのかどうかということを、現実的にどこまで考えられているのかということを、これはもうすべての先生方にちょっとお伺いしたいなというふうに思っております。

飯倉——ありがとうございます。それではお二方の質問がいま出ているんですけれども、それも含めて、もう時間が来てまいりましたので、最終的にパネリストの方1人ずつに、一応まとめも含めまして、いまの質問に答えるという形も含めまして、ご発言いただければと思います。すみません、時間がないのであと2分ずつくらいになってしまうんですけれども。

11. まとめ

猿倉——２分で全部答えるのは非常につらいのですが、まずゆとり教育は私は全く肯定していません。多分ここにいらっしゃる人は理系の人が比較的少ないので、実際どういった人がどういうふうに役に立つかと言った時の、役に立つ分布関数というのは文系とかなり違っているのです。だからデリケートな言い方をすると、高校の理系教科というのは上３割にフォーカスした学習指導要領にすべてしてしまっていいのではないか。それで問題があるところがあったら、そこはもう学習指導要領を変えてしまう。上のクオリティーを落とすと国の競争力は確実に落ちます。これは深刻に落ちます。行列がなくなったのを私は本当に怒っています。GDP が本当に落ちますよ。そういう意味で言いました。

　それと国際化のところで、古典を教えることに関して優しさが発生するのではないかというのは違うと思います。やはりどちらかの先生もおっしゃっていましたけれども、ポリコレ、結局は受け取り方ですから、教科書に載っているものというのはやはり権威化されるわけで、「こういう考え方があったよね。これは昔のことだから」っていうのは通用しないと思います。ポリコレからズレたものはすべて排除しないと「だって昔はそうだったし、先生も言ってたじゃん」というふうにすると、イージーな方向に流れちゃいますよね。私はいま、外国人とか女性というキーワードで、行政的メリットがあるのでいろいろと推しているんですけれども、それでも自分の中でも真面目に信じていないところがあるんです。それってどうしてだろうって思うと、やはり儒教的背景の刷り込みというのは結構あったからだと思います。

前田——手短に答えます。まず理系／文系。現代はいろいろと知識が増えてきて、役割分担をしなくてはいけないというのが一つの理由で理系／文系に分かれています。同じような理由で、理系と文系をつなぐといった

役割の人も必要なわけでして、やはりとんがって理系だけ、とんがって文系だけやる人の間を橋渡しするという役も必要だというのが私の回答です。

　それからリテラシーを他学科でやったらどうかという話ですけれども、国語は言語を教えるものなので、言語という意味で国語に期待したいというのが私の答えです。それから古典を教える良し悪しという話がありましたけれども、古典はあくまでも内容で判断だと思います。一律に「古典だから」というので教えるのではなくて、良い内容のものは教える。それから国語が必要か。国語は必要です。やはり言語なので、いろいろとリテラシーと言いましたけれども、そこに関わるものは必要だと思います。芸術に分離できるのかという質問がありました。文学の部分を芸術に分離してほしいです。リテラシーとしての国語は必須にして、文学という芸術 ── 要するに表現の美しさとか音の響きですとかそういうものを楽しむ学問 ── は芸術にしてほしいです。以上です。

飯倉 ── ありがとうございます。それでは賛成派から。

渡部 ── 先ほど猿倉さんのお話の中で、むしろ理系の人の方が世界の人たちに自国のことを、自分たちの文化を語らなければならないというようなことが多いんだというお話があったかと思うんです。もしかしたらちょっと理解を変えているかもしれませんけれど。私も学生たちに「君たちどんどん外国へ行ってくれ。その時必ず日本はどうなの？っていうふうに聞かれるから、その時のためにぜひ日本のことは知っておいてほしい」というようなことを話していたんですけれど、逆にいまのお話でやはりそういう場面は結構あるんだろうな、ぜひ知っていて、世界で活躍してもらいたいものだというふうに改めて思ったということです。

　それから細かいんですけれども、古典文法。本当に「文法のための文法」は止めましょう。これ先生方にお願いします。いいじゃない、もう文法は。「でも先生、大学入試に出るんだから」って必ず言われるんですけれども、

「そんな大学行かなくていい。レベルが低いから」ってね、そういうくらい言ってください。ただし本当に面白いですよ、文法って。言葉に規則があるんだということですね。だって自分が普段使っているものですよね。それに規則があって、しかもそのおおもとのもの。それが成り立った過去のものに、こんなにきれいな体系があるんだっていうことを知る喜びは、ぜひ知らせてもらいたいともまた逆に思うんですが、「文法のための文法」だけはお願いしますから止めてください。それが現代語訳も本当に使っていいですが、ただ私は和歌をやっているので、和歌は現代語訳すると何でもなくなっちゃうので、言葉の調べというものだけはちょっと触れる機会を持っていただけたらというふうに思います。これは切にお願い。

それから古典は —— これ今日言うかどうか迷っちゃうんですけれども、僕のある種のかすかな思いです。もう忘れてください、と言いながらネットでも流れているんですかね —— 中世以前の古典は信仰なのです。宗教と無縁の古典はないのです。それを常にわれわれは考えなきゃいけない。それをちょっと切り離しすぎていると思います。でも逆にわれわれにとってある種の心の救いというものに関わっていくんだ、日本人には宗教がないって言っているけれども、祈りや救いに関わっているものだと私は思っております。以上。

福田 —— いくつかの質問があるんですけれども、全部お答えできないので代表的なものに。古典は芸術になるかどうかの私の立場だけ申し上げます。今回のこのシンポジウムで、来られている方で学校の先生方も多いと思うんですけれども、一番発言してほしかったのは、音楽の先生と美術の先生なのです。われわれは芸術と言う時に、実はかつては芸術の時間はもっとたくさんあったんです。音楽だけだったり美術だけだったりしているんだけれども、他の科目がずっと必要だ必要だと言っているうちに一番わりを食っちゃったのが音楽・美術で。学校によっては、前期だけ音楽、後期で美術みたいな形で何とかカリキュラムをいじっているところがあるので

す。そこにさらに古典を入れろという時には、では本当に音楽教育、美術教育、もっと言うと体育教育というのは、高校生まで必要なのか。義務教育課程の15歳で十分じゃないかという議論をまずしてからでないと、この議論の妥当性がないと思う。そういった発想法ができるということ自体が、ひょっとしたら私が文学部だからなのかも分からないということだけ申し上げたいと思うんです。その意見に関しては保留したいと思います。

　発表では使っていませんが、今日配布した資料に、以下のことを書きました。

　　○古典教育の可否が「文学部」存続論にスライドしないか

　　○古典教育の可否が人文学存続論にスライドしないか

　　○古典教育の可否が大学（特に地方大学や私学）存続論にスライドしないか

　　○議論が拡散して「ただやった」感にならないように

　　○理系・文系ともに日本の大学教育について多面的に問題点が浮かび上がるように

　　○「殴られ役」になることで、無意識にあった文学教育の必要性や新たな魅力を顕在化させたい。恐らくはそれがこのシンポジウムの意図であろうし、否定派のパネラーたち の期待でもあろうから。

「殴られ役になることで無意識にあった文学教育の必要性の顕在化」。この文学教育は念頭に「高校の」というのを入れていただきたいと思うんですけれども、古典の必要性に新たな魅力を顕在化させたい。恐らくこれは今日集まられた皆さんの共通の願いであろうということを信じて、終わりたいと思います。以上です。

飯倉―― はい、ありがとうございます。本日はパネリストの方々、そして集まってくださったフロアの方、本当にありがとうございました。私の司会の不手際でせっかくご意見をあらかじめ頂戴したり、意見を出したいという希望をされた方がたくさんいらっしゃったんですけれども、全部取

り上げることができませんでした。また最終的なアンケートをとります。その時に書いていただければ、こちらの方で何らかの形でそれをフィードバックするということを考えさせていただきたいと思いますので、その点お許しいただければと思います。

　今日はわれわれ文系の集まり、文学部の催しみたいなことに慣れている者にとっては、非常に考えたこともないような論点や考え方をいろいろと教えていただいて、それについて一生懸命考えなければいけないなということを受け止めました。そしてそれなりにここに集まる前よりも集まったあとの方が、みんなの中に「今後こうしていけばいいんじゃないか」というヒントを与えていただけたのではないかというふうに、私としては思います。この会は無駄ではなかったかなと。もしかすると有益だったかもしれない。これは今後どういうふうに、この会をわれわれが受け止めて進めていくかということにもかかっているかと思います。そういう意味でこのシンポジウムを企画してくださった勝又さんに心からお礼を申し上げたいと思います。どうもありがとうございます。

勝又──　皆さま、ありがとうございました。飯倉さんがまとめてくださいましたので、私からは特にまとめることは重複になりますので控えたいと思います。今回私の仕事は人選と宣伝だけでございましたが、いまこうやって終わってみてこの５人の方にお願いして本当に良かったなと改めて感じております。この本当に難しい壇上に勇気を持って上がってくださった５人の方に、改めて拍手をしたいと思います。ではこれをもちましてシンポジウム「古典は本当に必要なのか」を終わりにいたします。アンケートをどうぞご提出の上、お帰りください。どうもありがとうございました。

第三部　アンケート集計——全体の議論を聞いて、最終的にどうお考えになりましたか？

2019 年 1 月 14 日　明星大学日本文化学科シンポジウム「古典は本当に必要なのか」

最終アンケート　※お帰りの際にご提出ください。

①全体の議論を聞いて、最終的にどうお考えになりましたか？

（ア）あなたの人生に古典が役立ったことは、　　　　　　　　　　　ある　・　わからない　・　ない

（イ）高校の必修で古文・漢文作品の原文に親しませることは、　　　必要　・　わからない　・　不必要

（ウ）高校の必修で古文文法を学ばせている現状は、　　　　　　　　必要　・　わからない　・　不必要

（エ）高校の必修で古文・漢文は現代語訳を用い、文法より内容を教えるべきという考えに、

　　　　　　　　　　　　　　　　　　　　　　　　　　　　　　　　賛成　・　わからない　・　反対

（オ）先人の多様な（あるいは優れた）考えに触れることが高校で古文・漢文を学ぶ目的であるならば、むしろ哲
学を学んだ方が良いという考えに、

　　　　　　　　　　　　　　　　　　　　　　　　　　　　　　　　賛成　・　わからない　・　反対

（カ）センター試験の国語では古文・漢文が 4 問中 2 問であったが、平成 32 年度に導入予定の「大学入学共通
テスト」では、5題中2題となる。これは、

　　　　　　　　　　　　　　　　　　　まだ多すぎる　・　適切　・　少なすぎる　・　わからない

（キ）大学入試センター試験から古文・漢文を無くせば、日本の科学、経済において、より国際競争力のある人材
が育成できると思いますか？　　　　　　　　　　　　　　賛成　・　わからない　・　反対

（ク）いわゆる「グローバル人材」に、日本古典の素養は、　　　　　必要　・　わからない　・　不要

（ケ）古文・漢文に原文で親しむことは現代語の読解力・表現力向上に、　有用　・　わからない　・　無用

（コ）地方国公立大学から古典の研究者を減らすべきという考えに、　賛成　・　わからない　・　反対

（サ）学校で日本・東洋の古典を教えると、作品によっては現代社会に有害な考え方を植え付ける恐れが、

　　　　　　　　　　　　　　　　　　　　　　　　　　　　　　　　ある　・　わからない　・　ない

②ご意見・ご感想をご自由にお書き下さい。

③よろしければご所属、お名前をお教えください。

　ご所属、お名前：＿＿＿＿＿＿＿＿＿＿＿＿＿＿＿＿＿＿＿＿＿＿＿＿＿

　　　　　　　　　　　　　　　　　　　　　　　　ご回答ありがとうございました。

アンケート集計

全体の議論を聞いて、最終的にどうお考えになりましたか？

①全体の議論を聞いて、最終的にどうお考えになりましたか？

（ア）あなたの人生に古典が役立ったことは、

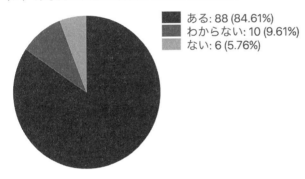

- ある: 88 (84.61%)
- わからない: 10 (9.61%)
- ない: 6 (5.76%)

（イ）高校の必修で古文・漢文の原文に親しませることは、

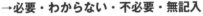

→必要・わからない・不必要・無記入

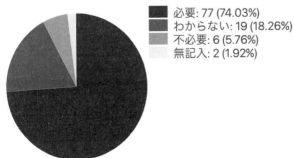

- 必要: 77 (74.03%)
- わからない: 19 (18.26%)
- 不必要: 6 (5.76%)
- 無記入: 2 (1.92%)

（ウ）高校の必修で古文文法を学ばせている現状は、

→必要　わからない　不必要　無記入

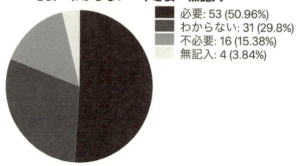

必要: 53 (50.96%)
わからない: 31 (29.8%)
不必要: 16 (15.38%)
無記入: 4 (3.84%)

（エ）高校の必修で古文・漢文は現代語訳を用い、文法より内容を教えるべきという考えに、　→賛成　わからない　反対　無記入

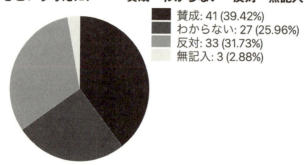

賛成: 41 (39.42%)
わからない: 27 (25.96%)
反対: 33 (31.73%)
無記入: 3 (2.88%)

（オ）先人の多様な（あるいは優れた）考えに触れることが高校で古文・漢文を学ぶ目的であるならば、むしろ哲学を学んだ方が良いという考えに、

→賛成　わからない　反対　無記入

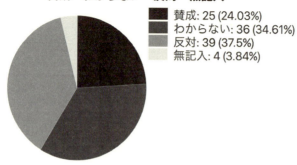

賛成: 25 (24.03%)
わからない: 36 (34.61%)
反対: 39 (37.5%)
無記入: 4 (3.84%)

（カ）センター試験の国語では古文・漢文が4問中2問であったが、令和2年度に導入予定の「大学入学共通テスト」では5題中2題となる。これは、
→まだ多すぎる　適切　少なすぎる　わからない　無記入

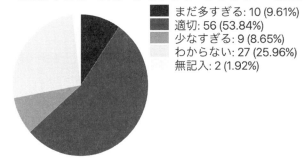

まだ多すぎる: 10 (9.61%)
適切: 56 (53.84%)
少なすぎる: 9 (8.65%)
わからない: 27 (25.96%)
無記入: 2 (1.92%)

（キ）大学入試センター試験から古文・漢文をなくせば、日本の科学、経済において、より国際競争力のある人材が育成できると思いますか？
→賛成　わからない　反対　無記入

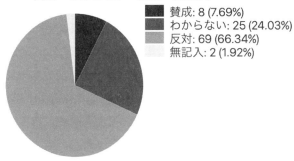

賛成: 8 (7.69%)
わからない: 25 (24.03%)
反対: 69 (66.34%)
無記入: 2 (1.92%)

（ク）いわゆる「グローバル人材」に、日本古典の素養は、
→必要　わからない　不要　無記入

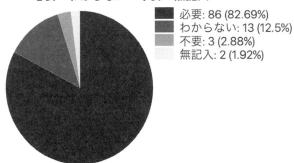

必要: 86 (82.69%)
わからない: 13 (12.5%)
不要: 3 (2.88%)
無記入: 2 (1.92%)

(ケ)古文・漢文に原文で親しむことは現代語の読解力・表現力向上に、
　　→有用　わからない　無用　無記入

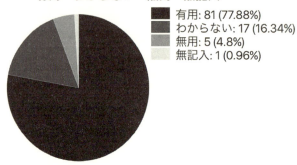

有用: 81 (77.88%)
わからない: 17 (16.34%)
無用: 5 (4.8%)
無記入: 1 (0.96%)

(コ)地方国公立大学から古典の研究者を減らすべきという考えに、
　　→賛成　わからない　反対　無記入

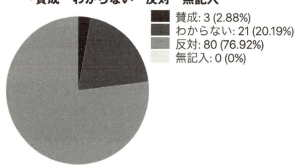

賛成: 3 (2.88%)
わからない: 21 (20.19%)
反対: 80 (76.92%)
無記入: 0 (0%)

(サ)学校で日本・東洋の古典を教えると、作品によっては現代社会に有害な考えを植え付ける恐れが、→ある　わからない　ない　無記入

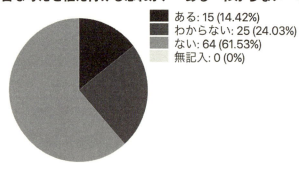

ある: 15 (14.42%)
わからない: 25 (24.03%)
ない: 64 (61.53%)
無記入: 0 (0%)

②ご意見・ご感想を自由にお書きください

▶教育と研究は事情が違うので、分けた方がよいと思った。日本文化についてよく知ることはグローバル人材にとっても重要なことで、理数系の研究やプレゼンだけをやれば競争力がつくわけではない。「何が幸せか」「どう生きるか」の点から選択を見直してほしい。現状から出発するのではなく、日本という背景を持つ人間として備えるべき知を体系化できるといい。

▶いい企画でした。素晴らしい。

▶オイラーの公式から毎回三角関数を計算していた（覚えていなかった）が、毎回かなり時間がとられた。／幸せをお金で測るなら、ロボットにやらせればよいのでは。／「愛国心を創る」という表現がとてもいやです。／人は無駄な部分で「楽しみ」や「幸せ」を感じると思うので、その無駄の一例になっても古典は学ぶべきだと思います。「役に立つ」とは何なのか。ない内容とは何か。誰が決められるのか。

▶全体的にアンケートが雑／入試の古典・漢文と、教育内容・目的にギャップがあるのではないか。GAFA のような新産業を作れる人材に何が必要か分かっていない状態で選択と集中は危険。広く選択科目を増やし、その一つとして古典を位置づけるべきではないか。全員が起業家・勝ち組になれない、多くの何者にもなれない人々にジョークの一つも言える古典は必要。ただし、日本人が日本の古い「言語」（思考を広げるにあたって古典はコスパはいいと思う）で思考することの意義が明確でないと、美術・芸術の一つとして、または現代文での教育で、という意見に抗うことができない。ちなみにテキスト文化全盛のネット時代、ブルーワーカーであっても正しく伝え、理解する言語能力は必須だと思います。

▶肯定派と否定派の論客の方々が議論する時間が少なかったように感じました。質問者には質問のルールを徹底させるべきだと思いました。貴重なお時間いただきありがとうございました。

▶設問に対するメッセージ
①（ウ）→「現状」の定義さまざま。／①（オ）→哲学と文学は違う。

▶猿倉氏の論に従えば、国の富を生み出す MACHINE になるためには、体育も音楽も、微分積分も必要ではないか。とはいえとても面白かったです。

▶古典の良いところをできるだけ多くの人に伝えたいと思います。

▶意義ある議論ができているように感じた。開催の英断と努力を讃えたい。良いパネリストが揃ったと感じた。期待よりも実り多いものになったと思う。

▶古典必要派であるが、不要・必要論者の話を拝聴して考え方が大きく変容した。必要論者の論理だけでなく不要論者の論理を踏まえた古典教育のあり方を模索していく必要性を感じた。今後必修の座から古典が陥落し、出会いを多くの人に確保されなくなった時、古典が消えてしまうのではないかという危機感を持った。

▶反対論者の先生のあまりの説得力の強さとクレバーさに圧倒されました。ぜひこの延長戦を聴きたいです。

▶書道（芸術科目です）の教員が身近にいます。「芸術は現状、実技を伴っ

ている。そのため、文学を芸術に入れることは、実技について考えなければならないのでは」と言っていました。福田先生もおっしゃっていましたが、芸術の先生の話、ひいてはすべての科目の先生方の討議が必要なのではないかと感じました。貴重な体験をありがとうございました。

▶文法のための文法はやめように賛同いたします。

▶否定派、肯定派双方の考えを聞くことができ、古典教育に関してモヤモヤとしていたことが少し整理できてよかった。

▶これから教員として国語教育に携わっていく身として、古典の必要・不必要論においてどのような論点が存在するのか学ばせていただいた。私自身は基本的に肯定派だが。否定派に対して感情的にならずにいかにして論理的に主張できるか、という点については難しさを感じた。理系（と言ってしまうが）の古典肯定派がいるとすれば、それはどのような論理によるものなのだろうか……？

▶実用主義的観点から古典教育を不要とするなら、現代文においても文学作品などを排除して新聞などを読ませるべきという話になるし、さらに言えば日本語ではなく英語を公用語にした方がいいという議論に行き着くのではないか。「二流の英米人」を作る教育にいかほどの価値があるか疑問である。肯定派が重視するプレゼン能力にしてもパワポ以前と以後ではだいぶ異なるはずだ。いまの科学技術を前提にしたプレゼン技術に果たして普遍性があるのか、きちんと検討すべきだ。猿倉氏の言う「ビジネスのための現代人の基礎教養」というような授業を公教育で行っている国などあるのか。そういう即役に立つ豆知識はすぐ陳腐化する。それはマナー教室のようなところでやるべきなのではないか。

▶多角的な視点から学ぶことが非常に多かったです。ありがとうございました。また機会がありましたらよろしくお願いいたします。いや、シリーズ化を希望します。

▶設問に対するメッセージ
①（オ）→哲学の手法を古典教育に取り入れるべき。／（ク）→どのような人を想定している？／（サ）→使い方による。
古典教育肯定派です。しかし、現状の高等学校国語科の古典教育において、歴史的史料としての批判的検討のない古典教育には、猿倉氏がおっしゃったような弊害があると考えます。否定派の方々のご意見にももっともな点は多々ありますが、前提としている学知の考え方が、近代ヨーロッパ的枠組みを強化するものであり、ある種の「帝国主義」であると考えます。近代ヨーロッパの「ゲームのルール」の中でしか、学知の中で生きていけないとしたら、われわれに残された道は有能な「植民地エリート」になるしかないのでしょうか？倫理学的に疑問です。
個人的には古典（読解）教育を一部の人に限定してすそ野を狭くすると、何かあったときに、そのスキルが失われていくリスクがあると思います。歴史的にもそうした事例はあると思います。

▶古典を選択にすべき→高校において古典を学ばない人が出てくる……それは危険なのでは？中学3年では足りない（各学年1単元分しかやらないのはちょっと……）。私の中での古典は……古典というツールを通して先人の知恵を学ぶ、日本人とは歴史の中でこう変わって来たよ～という過程・歴史を学ぶと同時に、言葉を学ぶ機会を得られるチャンス。現代語訳は翻訳をした人の意思が反映されてしまっているのでプレーンな元の文も知っておくべきなのでは？日本人としてのアイデンティティーを養うためにも必要

なツールだと思います。せめて1年間は古典を勉強するチャンスをあげてほしいです……。本日はありがとうございました。／議論について……言葉のドッチボールみたいになってしまっている。否定派・肯定派互いに歩み寄り、折衷案もほしかった気がします……。

▶設問に対するメッセージ
①（エ）→二択では考えられない。／（サ）→教えようによる。
「古典（近代文学含め）」の見せ方の重要性を改めて認識しました。緊急の「宿題」とさせていただきたいと思います。

▶原文でないといけない理由が、訳すとつまらなくなるからですね。納得しました。／100人以上の人が集まり、驚きました。／時代変化が速いほど目的的な教育は古びるというのは、そうだなと思った。が、古典で議論の前段階を、というのはこじつけでは？←本気でそう思ってくださってることが分かりました。／古典は「半分他者との出会い」なんですね！目からウロコでした。この4人で作る教科書、楽しみです。こんな、けんかを売る、けんかを買うような討論、とても面白かったです。古典の魅力少しわかったかも♡

▶自分は学校教育において、古文・漢文を学ぶことが必要だと思う。しかし、古典文学を専攻する人は限られる。だから、選択式にすることは興味・関心の高い人が増えて良いと思う。古典に対して苦手意識を持ちながら学びがちになっている現状は、学ぶ意図を教育において理解させるべきだと思う。

▶古典・歌における日本語のリズムを学ぶのは必修教育で重要だと思う。現代文の日本語からはそうした詞性・音学性を身につけるのは難しいので。

国語以外の科目を含めた教育再編が最終的に必要なのかもしれないと思われた。

▶日常的に考えている古典教育・国語教育について、面白い視座を得ることができました。理系・文系の境目をなくす、理系にとっての人文科学という言葉は、とても共感することができます。また、渡部先生の古典に対する愛情は、同じく国語（古典）教育を生業とする自分にとって、真に目指したいものだと感じました。今日のこの会が1日限りのものでなく、これからの教育に生かされるよう、自ら精進してゆきたいと存じます。

▶日本の前近代に存在し、いまでも残っている差別や理不尽について学ぶのに日本の古典はとても良い教材になり得るはずで、差別の事実の提示を超えて、作中人物の受け止めも含めて、生徒の感受性に訴える教育の必要性を感じています。／「情緒的文章」「哲学的」「論理的文章？（国語リテラシー？？）」を分別できると理系の先生方が考えておられることに驚きました。／欧米型の議論の型を前提に設計された「国語リテラシー」を生徒に教えるのは、思考の型も欧米に支配されることになるのではないかと危機感を深めています。

▶古典のコンテンツとしての市場価値はアニメ・漫画・ゲームなどの分野でかなりあると思います（ex. 源氏物語、百人一首のコミック「うた恋い。」、陰陽師安倍晴明関連）。アニメ・漫画などの発現の元になっているので海外へそれらをどんどん発信している。日本の売りとなっていることを考えると無益ではないのではないでしょうか？落語や歌舞伎など世界で人気の芸能と古文が現代語で教えられると意味不明になるのでは？

▶進学校に勤務していると、このような疑問を真剣に考えずに済んできた

ので、大変刺激的でした。勝又さん、おつかれさま。

▶古典教育を通じて「人間関係」を教育することが重要。

▶インターネットの、特にSNSにおいてやり取りされているゴミみたいな議論が最小化されており、非常に良かった。ブログも書きますね。

▶古文漢文の学習は単語・文法を学ぶことで言語そのものを客観化できる。英単語・英文法等の英語学習と併せて高校で学ぶのは大切。言語の客観化は科学的態度の第一歩。国際人というのは均一な知識を持つ人たちの集まりでなない。個別の背景（お国の歴史や文化や制度）を持った人たちの集団と考えるべきで、日本人の場合は古典の知識は必須だと思われる。英国人がシェイクスピアやベーコンについて語れるのと同じ。高校生の時間不足に関していえば、リテラシーのスキルアップについては古典の学習時間をいじる必要はなく、大学の教養課程でやればよい。高校に圧力をかけすぎ。プレゼンや議論の錬成は大学でもやるべき。

▶刺激的な時間でした。いろいろ考えさせられました。アンケートで多く「分からない」にマークしましたが、「あるべき」と思いつつ、強く「必要」と言えない気持ちが。ベタな言い方でいやなんだけど「古典を教える」じゃなくて「古典で教える」と思うと、ギロンする力も古典でできるように。"われわれ"が「好き」と思ってる古典の、必要性（？）について、帰り、考えたい。

▶設問に対するメッセージ
①（サ）については、教科書掲載の時点で（現在は）かなりスクリーニングしている。毒がなさすぎるとさえ感じる。

▶現在重要になっていることを真剣に考える機会をくださった先生方、パネリストの皆さまに感謝申し上げます。最終的に、「古典を高校で、必修で、原文で」学ぶことに対して、肯定派からあまりコメントがなかったのではないかと思いました。このことに関する説明責任は古典教育に携わる者全体の問題だと思います（私も真剣に考えていきたいと思います）。

▶古文に主に用いられる「かな」は男も女もアクセスできるジェンダーフリーな文学でした。和歌が身分的にニュートラルであるという指摘と併せて、思いあわせておく必要があろうと思います。今日の議論には漢文をどうするか、という議論が欠けていました。否定派の方々の意見は、漢文についてよく当てはまる気すらいたしました。後日、「漢文は必要か」と題して、中国文学・東洋哲学の専門家の意見も聞いてみたく思いました。

▶質疑で出させていただいた古典を「他者」と捉えることについて会場の皆さまが誤解をしているように感じた。古典を「他者」と捉えるということは、その内容を読み取った結果として出てくるものではなく（中国や韓国など……いろいろなものが混ざったものとしての「他者」）、古典そのものを「他者」と見なし、材料とする中で、その作業そのものが人間形成に働くのではないかということです。一筆添えさせていただきます。とても有意義な時間でした。次回もぜひ。

▶設問に対するメッセージ
①（イ）→選択でもよい。／（ウ）→全く不必要とは思わないが簡略化させたい。／（オ）→哲学とは違う。／（カ）→試験のために不具合な授業をせざるを得ない。／（サ）→教え方次第。歴史的にどういう時代であったか学ぶようにすればよい。

長い時間でしたが、実のある有意義なシンポジウムでした。いままでこういう議論がされてこなかったことが問題だったと思います。よい機会を与えてくださいました。まだ方向は見えて来ませんが、これからも多様な方々を交えて深めていきたいと考えます。古典を高校生にどう読ませたいか、熱心に悩み迷いながらも希望を持つ人たちが多くいることもうれしいことでした。現代語訳を多く使っていくことには賛成ですが、訳しきれない「ゆれ」を話し合ったりするところにこそ、文学の意味があるように思っています。時には生徒同士の違う読みがあり、それらを認め合うことが授業の素晴らしさかと思っています。

▶非常に有意義な会でした。人文系の関係者は人文系教育のメリットを広く外部に発していく必要があると痛感しました。それと、行列が高校数学からなくなったのと、古文・漢文の単位が減ったのは、その根っこが同じなのではないかと感じました。目に見える効果だけを評価すると、間接的に有用なものがわりを食ってしまうというのでしょうか。古文・漢文を守ることは、数学を守ることにもつながっているのではと考え始めました。

▶設問に対するメッセージ
①（サ）→考え方による。
前提として、高校教育の位置づけを明確にしておいた方が、議論のすれ違いが少なかったのではないでしょうか。国語リテラシーの方が優先度が高いというのは同意しますが、それは中学までに行うべきではないでしょうか。高校は大学で専門を学ぶ前提となる基礎的知識を学ぶ場だと考えます。古典（私は平安文学に限定されない、文語文全体を指すと考えます）は、人文学に限らず、19世紀以前の資料に触れる人全員に必要です。それを大学に入ってから各学部や学科で個別に教えるのは非効率的では。また、高校でどういう人材を育てるかという議論も必要かと思います。エリート養成と職業

教育と。戦前のように分けた方が良いのかもしれません。

▶学校現場でもよく問われる「古典は必要か？」という問いについて、理系側からのするどい意見を聞くことができてとても面白かった。学習指導要領の改訂により、高校の国語教育は大きな変化が訪れるが、一教員として、常に今日の問いを忘れずにいようと思う。

▶本日は貴重な機会を賜り、ありがとうございました。シンポジウム後もTwitterで引きつづき発信することが実りある議論につながると思うので、今後も発信を続けたいと思っております。

▶私は完全な理系のキャリアを歩んできており、古文・漢文を学ぶ意義を見いだせないでいたが、渡部先生・福田先生のお話を伺って、古典がどのように人生を豊かにするかのイメージが持てたのは有意義であった。ただ、大学入試のために古典を必ず学ばなければならない現状には否定的で、もっと選択の余地を持たせた方が良いと思う。

▶後半のセッションの最初で肯定派の先生方が、否定派の主張への反論をしなかったが非常に残念でした。「否定派の人たちにはどうせ分からない」といった意図を感じてしまいました。このような姿勢そのものが、否定派の先生方の「議論やプレゼンの教育が必要」という主張への正当性を高めていると感じます。私には肯定派の先生方が否定派の先生方の主張に論理的に反論した印象がなかったので、自らの学問の正当性を論理的に主張できないのであれば、このような現状も仕方ないのでは、と思います。

▶設問に対するメッセージ
①（ウ）→必要だがもっと短く。／（カ）→問題の内容による。／（サ）

→教員次第

本日はありがとうございました。現在、中高に勤めていますが、生徒は、なぜ古典を学ぶのかという疑問を持ちます。それに対する解答は難しく、本日のシンポジウムでも直接的な答えはなかったと思います。しかし、それ自体を問い続ける（古典の意味や人はなぜ古典を学ぼうとするのか）勇気を持つことができました。ありがとうございました（問う姿勢を持つのを見せることが大切）。渡部先生の東大での古典教育の実践の授業をぜひ拝聴いたしたく。

▶色々刺激になり、考えさせられました。本日は高校の国語教育に焦点があたっていましたが、機会があれば大学の人文学（研究・教育）に焦点を当てた議論の機会を作っていただければありがたいです。ありがとうございました。

▶古典を学ぶというより、教える内容として、実用性をいくつか持たなければ否定派の意見を超えることができないように感じました。そのため「幸せ」や「教養」というような曖昧なものに準拠しているようでは難しいでしょう。質問をさせていただいた時には、「法則」では「例外」に勝てないと言われましたが、「枠」を知らなければ「変化」に対応できません。そのためにも、古文は言語教育の基盤になるべきだと思います。

▶シンポジウム参加前の私の考えは、学校教育において古文・漢文は時間の無駄、つまりより優先度の高い教育がほかにある、と考えていたが、シンポジウムで古典肯定派2名のお話を聞いてみると、より積極的に「古文・漢文を教えるべきでない」と考えるようになりました。人は非論理的な話を繰り返し聞かされると、思考力はおとろえます。特に、それを試験として課すことは人の成長のさまたげになっていると確信しました。

▶大変面白いシンポジウムで主催者の方々にお礼申し上げます。ただ、登壇者の方が、少し勉強不足のように思いました。大学教育と高校教育の混同がみられたり、高校までの教育の現状を賛否双方で、思い込みで語られているのが残念でした。国語教育および中等教育・大学教育の専門家を1人配置していただければ、と思います。基本的には面白かったです。

▶設問に対するメッセージ
①（オ）→「賛成」古文・漢文に中身がないという意図ではないが、哲学の方がより良いと思うという程度。
何でもコスパと言うことに疑問を感じるところもあるが、何のために古典を学ぶ必要があったり古文書を保存する必要があったりということを、広く理解が得られるように示す必要があると感じた。学校の現場も業務量が増え、負担も大きくなっていると思われるので、古典をどうしても教えねばならないのであれば、他の教科とリンクするやり方で教えられないものかと思った。（福田先生の研究事例はとても素晴らしいが、そのレベルほどでなくても、日本史の史料の解説など。）国語をリテラシーと文学に分けた方が良いというのは、確かに思った。（社会人に至って、とてもそのように思う）現代語訳のことや日本語は変化しているという課題が出されていたが、時間がかかると読み下し文が「古文」となってしまうという問題が発生すると感じ、頭が痛いと思った。

▶全体を通して面白いシンポジウムでした。古典教育に関わるものとして、自分の答えとその理由をはっきりさせなくてはならないなと改めて思います。

▶魅力的な企画ありがとうございました。いろいろ考える時間となりました。

▶討論と人格力激論と古典読破力、高校生（17歳）にとって理解するのは難しい。「古典が必要か」は教育問題（課題）と切り離して理解を進めるべきではないか。

▶古典「を」学ぶのではなく、古典「から」「で」学ぶという考えが必要ではないでしょうか。テクストは、表現と内容が揃っていてこそ、意味をなすもので、すべてが原文ではないにしても、すべてを訳文で学ぶのは、古典の持つ内容の良さを欠くことになると思います。変動する社会で求められる能力を教育から身につける必要が唱えられるからこそ、不動で変わらずにある「古典」から、言語のみならず文化についても学び、いまを知ることがこれからの古典教育の意義となり得るのではないでしょうか。

▶現在の中等教育に関する政策において、"古典"は必ずしも聖域とされずに削減されている中で、否定派の主張はすでに形になっているものもあるように感じた。そのため、否定派の「ビジネスに資する」という観点から、現行の理数教育の"無駄"もあるように思われたので、その点の"自己批判"もあり得るのかは知りたかった。なお「ポリコレ」の問題は、教育のコンテンツが"不十分"であるがために生まれるような気もしているので、学校教育の全般を考えて体系化する必要があると思いました。なので、"古典"にその原因を求めるのは逆恨みのような気もしました。

▶肯定派として参加させていただきました。渡部先生のお話を拝聴することができて良かったです。

▶大変貴重な意見を伺う時間をありがとうございました。可能ならば、大学入試センター試験から古文・漢文をなくし、教養としての古典学習になれば良いと思います。芸術としての学びができれば、より幸福感も得られるでしょ

う。さらに、中学までの義務教育の中で、熱意ある教師により、古典のみならず、すべての教育がしっかりとされることを、心から望んでいます。

▶甚だ面白し。同じ主題での次回あらんことを望む。

▶設問に対するメッセージ
①（イ〜オ）→対象の生徒によって変わる。／（サ）→教え方にもよる。
多くの着眼点を得、考えを深めることができました。

▶「働く」ことが国のための有益であり、「子を産み、育てる」「繁殖」という役目を持った女性はないがしろにされているのか？と思ってしまいました。富める人が富んでいくのが最も大切なのだと感じました。

▶これまで考えたこともなかった多くの考えに触れることができ、視野が広がった。肯定派否定派どちらの考えも興味深く、考え方が変わった部分もある。もっとたくさんの話を聞きたいと思える有意義な時間だった。

▶私は元々古典好きなため、必要（肯定）派であったが、今日の討論を聞いていると考えがかなりゆれました。私も前田先生のおっしゃたように、古典を芸術の科目に入れて選択をするという案には賛成でした。また、古典そのものの否定でなく、どう扱っていくか、ということに目を向けていたことに安心しました。

▶日本がサービス・コンテンツ産業で振興していく上で、作り手を幅広く求めるならば、やはり素養が必須だと思います（観光・アニメ・文学など全般）。

▶どうもありがとうございました。日本文化・社会の中で生活する以上、

日本語・文章から切り離されることはない。その日本語・文章と〈時間〉という観点とともに相対化できるのは古典の意義かと思います。なお、〈伝統的な言語文化〉という保守的な発想で温存されているねじれも重要な論点かと存じます。有益な機会を与えていただき感謝いたします。

▶否定派の意見にも一理あるとは思った。しかし、やはり、文化の基盤としての古典の重要性についてはきちんと考えるべきであるし、高校までの教育が、将来が見えない生徒の可能性を広げることを思えば、触れる機会を奪ってはならないと思う。

▶肯定派・否定派という切り口ながら、肯定派の側からも、古典で学ぶ教育現場における現実面にたった意見が出たり、感情論や二項対立に収斂しない討論が聞けてよかったです。私自身は肯定派寄りですが、この主張の根本に古典文学を特権化するような思想がないか内省する機会にもなりました。否定派の意見をも受け入れ冷静に意見をギロンし合う会場の雰囲気が好印象でした。

▶否定派の発言の立ち位置は、「経済性ビジネスの立場」であったが、肯定側はそれを受け入れていたのだろうか。あるいは、それは考えるまでもなく共有していいのだろうか。個人としては、古典が専門の立場なので、肯定したいのだが、多数の人に共感してもらうような古典の教育の必要性（意義ではない）は、説得力を持つものはまだ考えつかない。※文理の区別のないシンプルな入試制度になれば、文理分けしなくてもいいのですが……。

▶話を聞きにくる前より、「分からない」（判断に迷う）ことが増えた。これは議論が大変面白かったということである。ただ、一つ私がはっきり思う

のは「ポリコレ」の問題から古典を排除するのは違うと思う。立場や意見はさまざまで本当にコレクトなことはあるのか、と思うからです。

▶設問に対するメッセージ
①（ウ）→ただ入試からはなくしたい。／（カ）→文法問題もなくなっていい。／（サ）→「有害」＝この定義は社会のあり方によって変わるので。否定派の議論を Facebook で拝見した時から、古典がある程度必要というところは合意できていて、ポイントは優先順位なのだと思っていました。今日参加して感じたのは、さらにポイントを絞ると古典文法の教育の是非になるということでした。進学校でも定時制（高専）でも国語を教えてきて、古典文法の扱いにいつも悩んでいました。最後の渡部先生の文法のために文法を教えないで、この一言にとりあえず同意しました。

▶学生という立場で今回のシンポジウムに参加させていただき、以前の私であれば当然のように古文・漢文は必修として扱うべきであると考えていたと思いますが、そうとは言い切ることは難しいと強く感じました。「必修」としてやるというところに着目すると、なかなかなんとも言えないのではないでしょうか。今回は否定派と肯定派とでベクトルが異なる部分もあったので、そこの差が埋まれば変わると思います。

▶自分は文学部の１年生で高校の国語教員を志望する者として参加させていただきました。まだまだ専門的な授業も受けておらず、力の至らない学生ですが、今回多く思うことがありました。最後の八神先生の「教育」を見直すべき時であると言うご指摘について、今後、すべての分野に携わる方々の議論がなされるべきであると言うことを強く思いました。今後そのような機会があることを強く願っています。

▶高校で古典を学ぶことについて、有用性の面では否定派の意見に賛成。肯定派はあまり反論できていない。個人的に、高校教育は役に立つかどうかではないと思う。古典だったり行列だったり、その存在を認知し、触れ、経験するためにあると思う。興味があればその先に進むし、なくても"あったなあ"程度にはなる。そういう分野・世界があるということだけ分かれば良いのでは？

▶ポリコレ的観点で教えるべきでない、という観点には全く賛成できない。かつてポリコレ的に反する文化があったことを知らないと、同じことを繰り返すことになる。また、内容の良し悪しは恣意的選択（悪い意味での）が働きやすくなることで、"誰が""どのように""どの基準"を明確化していいということは成功した試しがありませんが、やるしかないですね。

▶やはり教育者個人の力量に左右される部分が大きいと感じました。古典や漢文を使って論理や人間形成、コミュニケーション能力を学ばせることも、上手な先生ならできると思います。

▶学びの中の古典と対極としてのグローバル化と国際協調共生共存に重きを置く日本社会、人間の原点として母語としての古典から人間性、生き方は学ぶ原点である。そして科学技術と人間のあり方の不合理を感じております。皆さんの考え方の多様性が私にとって再考する機会となり、その意欲を増しました。

▶否定派お2人に伺いたいです。「良い」古典の内容なら教えるべきと言っていましたが、その判断基準は何でしょうか。国際的競争力を中心に話しておられましたが、QOL（Quality of Life）には目を向ける必要はないのでしょうか。論が拡散した気もしますが、内容としてはとても面白かったです。

▶設問に対するメッセージ

①（ア）→自分にない感じ方を知ることができた。／（イ〜ウ）→生徒の進路によって変えられないものか。／（オ）→両方あってほしい。／（サ）→伝え方の問題と思います。

とても興味の誘われるシンポジウムでして、有意義な議論をお聞かせくださり、ありがとうございました。社会の流れとして可視化できるものを求める傾向がありますが、国語（古典）も流れに乗る必要があるように思いました。日本語教育（第二言語教育）でも学習者のニーズやレディネス（Readiness）が重要な部分です。国語教育も同様に考えていくべきと思います。

▶とても面白い展開でした。

▶「漢文」らしい観点があると、より良かった。

▶運営について：第二部のマイク数が足りない。アンケートは最初に2枚配る方がよい。あらかじめ、質問や意見を集めておいて、当日整理して議論するとよい。センターテストはどのような人間をつくり出したいか、を反映している。文科省の人間を入れてディスカッションすれば（多分公式意見は出ないと思うが）よい。

▶"文法への恨み"が古典嫌い、古典否定における大きな要因だと思っていましたが、それ以外にも問題とされる点があるということが分かり有意義でした。高校生に対し、古典を教える際に、どうアプローチするか（役に立つか、必要か、という点を含めて）を考える契機になりました。ありがとうございました。

付・YouTube のコメント欄に寄せられた意見

▶教育に直接的な結果といいますか、目に見える形の結果を求めるのは、教育基本法にうたわれている「人格の完成」とは少し離れてしまうのでは？と思いました。高校から芸術科目として選択するという案には賛成です。ただし、そうした場合、学校に古典の教員を置かないところが出てくることが考えられます。諸事情でどうしてもこの高校に進学するしかないけれど進学先の高校に古典の選択肢がない、となった時、生徒の学ぶ機会を奪う結果になるのではないでしょうか。この点についてどのように考えていらっしゃるのか、否定派の方々にお聞きしたいです。

▶否定派が言葉を尽くして不要という古典は「受験古典」だと思いました。一方で肯定派の先生方の意見としては古典全般そのものについての擁護的な意見であり、シンポジウムではお互いの「古典」の意味がかみ合っていないように思われました。私自身、古典文学を研究する者として否定派の生産性重視に基づいて古典を切り捨てるべきだという意見はあり得ないのですが、客観的に今回の討論を見ていて肯定派の先生方の反論は否定派の答えになっておらず、個々の具体例だけを述べているように感じました。今回のシンポジウムでは、古典肯定派がこれまで納得させられるような至極明確な回答をしてこなかったために、このような「馬鹿げた」否定派のような意見を持つ方を生み出してしまったとのではないかという問題点が見えてきたように思います。

▶議論自体の感想として、理系側は無理解で例示が適切でなく攻撃的な印象、文系側は答えているようで答えが見えず古典の必要性が伝わりませんでした。この機会は素晴らしいですが、結果はあまり満足していません。中等教育で古典を学ぶ意義は、

・原典にあたる**姿勢の涵養**（literature review）

・外国語のように**言語を体系的に学ぶ経験**（systematic understanding）

・自国文化への理解を通じた**視点の育成**（broaden a perspective through culture）

という3つと自分の中では整理されました。

　現行のほかの教科では代用できず、また大学という多様性のある場所での学びに重要な要素です。つまり、今後さらに大学進学率が高くなるなら、古典を学ぶ重要性も上がると感じています。ただし議論を拝聴していて、個人的には「東洋の古典」とともに「西洋の古典」も学ぶべきではないかと感じました。論語や兵法もそうですが、ラテン語、ギリシャ語、ベオウルフ、カンタベリー物語、シェイクスピアなども。外国人に対して自国の歴史や文化について話せる、その外国人の文化まで精通するとなれば、「世界市民」として通用する人物となります。

▶古文漢文否定派の完勝と判定する。擁護派は否定派の意見をきちんと理解して反論することすらできていないと思う。否定派は現代語訳でよいのではないかとか、高校生では必修ではなく選択にすべきとか、他により優先度の高いことがあると言っているのに、擁護派は有効な反論ができていない。議論の能力も明らかに否定派の方が高い。

▶大変興味深く刺激的なディスカッションでした。そしてエポックメイキングな企画でもありました。ご登壇なさった皆さま、企画された方々に、心より御礼を申し上げます。

　私自身（現段階で、立場は賛成派とします。古語辞典の編集の仕事をしております）の感想を以下に述べます。当日、反対派の意見のうち、賛成派によってもフロアによっても解消されなかった点に、「古典は芸術科目とすればよいのではないか」という観点があったと思います。

　その反対派のご意見の背景には、古典＝主観的＝情緒的＝非論理的だ

から必須のスキルにつながらないし芸術の一種である、という認識が見え隠れしており、それは世間一般の、古典に対する見方の一つでもあると思います。また、賛成派が、「幸福」という、極めて哲学的かつ主観的な論理で攻め返そうとしたのは、一つの戦略であったとは思います。

　が、問いたいのは、本当に古典はそこまで非論理的で、情緒的な学問として、これまでなされてきたのか、ということです。古典教育には、それなりに長い伝統の中で培われてきた、文学研究の「作法」があり、古典教育も基本的にはそれが土台になっております。客観的な検証手法によって、主観や内省に頼らずに、論拠によって冷静に文の意味を導き出していく過程が求められます。当時の社会背景、出てくる言葉一つ一つの語義、和歌などであればコロケーション（collocation）を、その当該の文脈だけではなく外堀からも、「調べる」という営為が重視されます。個人の自由な感想を述べ合うのが古典読解、というイメージが先行していますが、本来、そんな情緒的なものではなく、読みを導き出す論拠や、その材料を見つけ出す調査が、大前提であるはずです（音楽・美術も同様でしょうが、それはひとまずここでは横に置かせていただきます）。

　客観的な証拠をもって、（自分とは立場も意見も異なるかもしれない、他者の書いた）文章の解釈を固めていく。そのような人文「科学」としての手続き・手立てを学ぶための、一つのモデルたりえてきたのが、古典であると思います。その「調査に基づく論証方法を学ぶ」という視点から、古典教育の存在意義をもう少し強く主張しても良いのではと思いました。もちろん、高校の教育現場では、文学研究の手法や奥義にまでは言及されません。が、しかしその作法や論証的思考を体験し、教室で他者と共有できるに堪える客観的な読解姿勢を学ぶ場として、古典の読解教育があり、そのために（現代語訳ではなく）ナマの原文があるという考えを、お伝えしたいです。一方でまた、古典教育側の方も、（発信が重視される時代ではありますが）発信の型ばかりではなく情報受信の型を学ぶという、国語教育が持つ基本的な意義

を、再認識すべきではないかと思いました。

▶古典自体の存在が必要だが、一人一人にとっては必ず学ぶ必要があるのでもない。存在自体の必要と個人が学ぶ必要を混同するの杞人（きじん）の憂いと言って良い。学びたい人は学べば良い、古典を学びたいくない人も自分が好きな科目を選べば良い。

▶賛成派は反対派の意見にきちんと答えていない。論点をそらして誤魔化していると思う。賛成派の議論を聞いて、古文・漢文を勉強してもまっとうな議論はできるようにならないことが分かった。

▶全体として、何をしたいのかがよく分からないシンポジウムだった。高校の教育課程で古典が必要かどうかを論じるならば、現在高校で教鞭を執っている方からの現状報告は最低でも必要だったはず。なぜそれがなかったのか。古典教育の実務者を無視していると言われても仕方ないと思う。

　また、否定派は「古典教育の優先度は低い」という論調だったのに対し、肯定派は「古典の素晴らしさ」という論調になっていて、議論が全くかみ合っていなかった。議論が平行線で良いと思っているのは主催者だけで、参加者は「古典は必要か」と題したシンポジウムである以上、必要／不必要のいずれか（もしくは妥協点）を提示されることを望んでいる。「お互いに言いたいことを言ってすっきり」といった自己満足はやめてほしい。

　少なくとも、否定派の論調で論じるなら「高校の教育課程に古典は本当に必要か」、肯定派の福田氏のように古典の可能性・意義を論じるなら「いま求められる古典とは何か」と題して行うべきシンポジウムだったと思う。

　結局、このシンポジウムは何をしたかったのか。

あとがき

「古典は本当に必要だ」と言えるために

飯倉洋一

　古典研究者の1人である私が、このとがったシンポジウムの司会を引き
受けたのは、古典不要派の論理を、古典必要派が耳を傾けて聴いてみて、
その土俵で戦えるのかを確かめたかったからだ。

　古典不要派は、「高校教育において古典は必修であるべきか」に絞って、
明快な論理で、論陣を張った。シンポジウムの書き起こしをお読みになっ
ていただければ分かるように、不要派の論理の枠組みで、古典必要派が反
論することはできなかった。司会の感触としては、古典教育・古典研究の
場においては、日本に暮らす以上、日本の古典は必須の教養であり、古典
が必要なことは自明だという前提であらゆる議論が立てられてきたため、
このようにGDPや、グローバル人材の育成や、ポリティカル・コレクト
ネスなどの視点から、古典の要不要を考えるのは極めて新鮮であり、かつ
有益であった。

　人文学の側が自ら古典の存在価値を否定するかのような提題をするのは
いかがなものかという声が、人文学の立場から少なからずあがったが、シ
ンポを終えたいま、私としては、これで良かったと確信している。

　本シンポジウムに参加した人の多くは古典必要派であり、かつ人文学の
危機に自覚的な人たちだったと思うが、不要派の議論にはかなりの衝撃を
受けたようである。事実、必要派から不要派に傾いた人がわずかながら存
在した。その逆はなかったようだ。この事実をもってすれば、ディベート
としての戦いは不要派の勝利だったと言える。だが、「古典がこれまでの
人生で役に立った」とか「グローバル人材の育成には古典が必要だ」とい

うアンケートの問いに、80パーセントを超える人が、Yesと答えているところをみると、議論ではうまく反論できなかったが、古典が人生に、教育に必要だという感覚は揺るがなかったということでもある。

　必要派にとって、何が課題かが明らかになったと思う。それは古典教育の効果の可視化、数値化という問題。アンケート結果がその答えの一つでもあるが、バイアスのかかっていない場での数値をとれば、古典不要派に優位な数値が出てくる可能性も高い。古典教育の現場にいる方々にはぜひこのことを念頭に置いて、この課題への答えを模索していただきたい。

　また、古典不要派の「古典」観が、「古典」＝「情緒的」であり、「表現芸術」の一つだという認識であることも浮き彫りになった。それは古典が論理的な思考を育むのには適当ではないという考えと表裏であろう。古典は芸術のコンテンツとして残して活用すればいい、その内容は、現代語訳して与えればいいと、いうことになる。私に言わせればこれは一面的にすぎる。古典の中には、現代的思考に資する論理を内包するテキストもある。また現代的思考を相対化する論理を内包するテキストもある。後者の場合、現代語訳すると、それは現代的思考の枠組みに収まってしまいかねないから、やはり古語での解釈が必要となるだろう。シンポジウムでの前田雅之氏（明星大学）の発言は短かったが傾聴すべき内容であった。

　さらに、不要派が強く押し出す論理は、ポリティカル・コレクトネスである。古典に遍在する身分社会の肯定・男尊女卑の思想は、不要というより有害で、排除すべきだという主張である。私個人の考えでは、ポリコレを意識しつつ古典を読むことは、むしろバランスよい思想形成という観点からは、教育的な意義があると考えている。単に素晴らしいと耽溺するのではなく、批判的に読む視点を育てるのではないか。現在において差別的な感覚を持っている人、ヘイトスピーチをするような人が古典をよく学んだ人であるとは思えない。

　必要派も不要派も、「国語力」の大切さは、共有できる価値観である。「国

語力」のレベルアップのためには「古典」が有用であることを、エビデンスを示しつつ立論できれば、不要派も納得するだろう。しかも、それが必要度において優先されるべきだということまで述べる必要がある。ディベート力・プレゼン力・あるいは英語理解力の向上にさえ、古典教育は有用であるということを示せれば、この上ない。

そのためには、まずどんな古典を教えるのか（教材の見直し）、どのように教えるのか（文法の扱いなど）を、再考していかなければならないだろう。そして古典はあくまで芸術科目ではなく国語科であること、そこに立脚しなければならない。

ただし、国際交流のコンテンツとして、古典を芸術として捉え、「文化遺産」として継承しディスプレーするという観点も同時に必要である。ここでは詳細に紹介できないが「文化遺産としての古典テクスト」というエドアルド・ジェルリーニ氏（カフォスカリ大学）の発想は大いなる示唆を与えるだろう。

あとがき

否定派は肯定派に圧勝した

猿倉信彦

高校教育での古典の必要性を問うシンポ、3つの視点でまとめてみたい。

■ ♯1 高校の古典教育廃止主張をしてる私の視点のまとめ

討論会の形式ではあったので、討論として前田・猿倉連合の否定派は肯定派に圧勝した。

根拠は、①現場での聴衆の討論前と討論後の意見分布数の変化（主催者からの情報）、②肯定派パネリストが否定反論のための議論はしないと討論を実質放棄、③否定派の主張を肯定派は一点たりとも論破することはできなかった、以上である。これは YouTube で討論を見ていた多くの観客たちも意見が一致するところだったと思う。しかし、討論という意味ではかなり不満である。理由は、討論会をしようと参加を持ち掛けられたし、事前に論点の配布資料に近いものを肯定派も見れるようにしておいたのに、討論を逃げられた。意味のある意見交換をしてみたかったという期待感は裏切られたので残念であった。以上が討論に関しての所感である。

次に、シンポに出ての発見。①国語教育関係者はディベートができない。議論をすることを教えられていない。こういったことが国語教育の範疇であるとの認識も希薄。これでは、日本人がプレゼンや議論が下手なのは当たり前。国語教育の大幅な見直しの必要性を感じた。②ジェンダーフリー社会を実現する上で古典教育は阻害要因であるにも関わらず、女性研究者が多い。しかもそのシンポのあとの意見交換会とかで対話してみると、それなりに優秀な女性研究者も多い感じがした。

■ ♯2 高校の古典教育の継続を主張してる"既得権益層"への考察

否定派を論破できない、あるいは討論を避けるぐらいなら本来はこういったシンポは企画すべきではないが、新しい視点は学習できたのでは？ただパネリストが"反論のための反論はしない"と言い切ったのは、討論放棄ではあるが、負けが確実な中では賢い選択だと思う。今後は、①自主的な教育改革をするか？、②国粋主義的右翼政治家にすがりつくか？、③否定論を見て見ぬ振りをするか？、この3択なのではなかろうか？　いずれ消え去る教育科目に思える。

■♯3　文科省や経団連的目線に近い建設的視点での提案

①日本全体としてはこの古典分野に女性の人的資源が偏在するのはGDPや日本の競争力に直接は影響しない部分であり"無駄"である。人的資源の過剰投資に思える。文系の研究は基本的に個人商店型なので社会の仕組みと独立に女性が活躍しやすい環境ではある。公務員や教員系であれば、男女格差も小さい。ほかの領域の状況の改善は必要。経団連や文科省はここらに知恵を絞り、少子化の中で、優秀な女性の活躍の場を再デザインすべき。

②日本の古典文化もアニメやサブカルと同様に、コンテンツビジネスや日本の魅力をアピールするツールとしては大事なので、せめて自国民に嫌われない古典教育を目指すべきに思う（例えば選択、芸術科目化）。アンチを作りすぎてる教育システム（肯定派パネリストも認識）は、かえって現状、日本固有の文化の衰退を加速する教育になってるのでは？

あとがき

まだ明確な回答を得ていない

前田賢一

　「古典は本当に必要なのか」という疑問文に対して、問題は古典の内容（思想や物語など）なのか、それを記述する言語としての古文・漢文なのか、という分類から議論をしたかった。内容に関しては、内容自体で判断するべきであると思う。古文・漢文には否定的な意見を述べた。ただし、義務教育である中学までの古文・漢文を否定したわけではないし、必要な人が高校以降もさらに勉強することを否定したわけでもない。端的に言えば、大学入試の必須科目として古文・漢文を含めることを否定したのである。幸い、肯定派のパネリストの中からも、フロアからも、必ずしも古典文法を重視しなくても良いという意見が提出された。

　高校生が勉強に使える時間が無限にあるのであれば、あえて反対する必要がないのかもしれない。しかし、実際には高校生が使える時間は限られており、何を優先するかということを考えざるを得ない状況にある。学生の中には、試験の問題文が読めない（理解できない）人もいるという。まずは、普通の日本語を論理的に理解したり、自分の意見を日本語で誤解がないように主張したりできるということを優先するべきではないのであろうか。それをリテラシーという言葉で述べた。さらに、国語を現代日本語に限定したとした際にも、芸術的な内容とリテラシーに分類される内容とがある。そこでも、文学や言葉の美しさを問題とするものは芸術科目として扱ってほしいという意見も述べた。実際、文学は芸術である。

　議論は、残念ながらすれ違った部分もあった。議論という行為自体も、国語のリテラシーに属するものである。いまの国語教育は、議論のやり方

も教えていない。誰かが疑問を提出したら、まずそれに答えるということを、なぜ教えないのだろうか？同様に、誰かが意見を述べたら、まずは、それに対する賛否を述べるのが正しい。自分の意見だけを述べたのでは、そもそも議論にならない。「古典を現代文で教えてはいけないのか？原文を必要とするのは誰なのか？」という疑問に、まだ明確な回答を得ていない。

議論とともに、プレゼンテーションも作文も、もっと指導してもらいたい。人に理解してもらうためには、どのように話したり書いたりするのが良いかという内容である。読書のあとで感想文を書かせるのは、日本だけだという。海外では、内容の要約を説明させるらしい[*1]。言語は心情を語ることもできるが、実用的なのは要約の方である。そしてその方が、言語の目的として優先度が高い。

猿倉さんとタッグを組んで「悪役レスラー役」、あるいは「モスクに向かうキリスト教徒2人」という気分であった。「帰り道が怖いけど、やるからには全力でやりましょう」と臨んだシンポジウムだったが、終了後の懇親会はノーサイド。和気藹々と語り合う機会が持てた。これが国語教育を考えるきっかけになってくれれば、望外の喜びである。

*1　井上ユリ『姉 米原万里』（文春文庫、2019 年）

あとがき

シンポジウムの、その後

福田安典

　シンポジウムの後に「見たよ」という複数の（しかも研究職ではない立場の）方々と話をすることがあった。また、愛媛大学法文学部の学生さんの前で話す機会も頂いた。

　そこであらためてシンポジウムを振り返るとともに、今後の日本古典文学が向かう方向について自身の動向をからめていささか贅言を費やしたい。

　話した方々には何とか古典の必要性を「わかりやすく」「かっこよく」「痛快に」否定論者に伝えるべきとの立場の人間が多く、そのためかご自身へのもどかしさもあって隔靴搔痒ならぬ隔靴痛瘍とも申すべき、自己責任というには余りにも痛すぎるの腫れ物への苛立ちに似たものを感じることも少なくなかった。われわれはこんなに古典の良さが分かっているし、周囲にも十分に伝わっているのに、なぜお前はきれいなプレゼンが出来ないのか、そう感じておられる方が意外に多いように思われる。

　シンポジウムでも発言したように今回の企画は、われわれが「無意識」に「思って」いる古典の魅力を、「意識的」に切り出して明言化させてもらえるチャンスである。この機会に悩める古典愛好者は、さまざまな切り口や観点からその魅力をご自身で顕然化、発信されることを期待する。人間形成、教育、伝統と継承、比較文学……などその切り口は無限にあるのだから。

　私自身は、日本古典文学について「文学」の守備範囲を広げる試みに着手しつつある。具体的には、従来から発信を続けている医学書に加えて花

卉栽培や禽・魚飼育についての「古典」を「日本文学研究者」が扱うことを提示したいと考えている。医学部、獣医学部、農学部で学んだことのない「文系」の「古典」研究者がこれらを扱うことは無理なのであろうか。その文献の多くは漢文やくずし字で書かれているというのに。しかもその通底する思潮や作者の伝記研究は「文系」のお得意領域ではないだろうか。例えば日本最古に刊行された園芸書『花壇綱目』（寛文頃成立）の序は「故人の云る事有り。三支といふは、一に曰く、書、二に曰く、茶、三に曰く、花となん」で始まる。花卉栽培を書や茶同様の「無用」の営為とみなしているのである。清代の陳扶揺は『秘伝花鏡』でも自身のことを「書痴」とも「花痴」とも呼ぶ。韜晦のスタイルとしての「書痴」「花痴」であり、やはり「無用」の者であることを語る。しかしながら『花壇綱目』にしても『秘伝花鏡』にしても、現代にも通じる「実学」の書であり、無理に分類すれば「理系」の書物ということになろう。この領域に古典文学研究者は本当に手を出してはいけないのか。別の問い方をすれば、中学、高校と古典を学修せずにすんだ理系研究者にこの領域をすべて預けてよいものだろうか。

　本書上梓後、このような議論が活発化し、古典文学の扱う領域拡大とともに各古典作品研究の深化が進むことを楽しみにしている。ただし、理系への発信はつねに脳裡に置いておくべきであろう。

あとがき

個体発生は系統発生を繰り返す

渡部泰明

　否定派の方々の意見には傾聴すべきところ、こちらが認識を改めなければならないところが多くあった。古典が取り囲まれている状況を肌身に実感もできた。叱咤激励された、と思っている。心から感謝したい。

　その否定派の方の話の中で、高校の古典の授業のつまらなさが語られていた。先生との相性と、科目そのものの意義とは少し位相が違うと思うので、そのことだけ、私自身の経験にかこつけて付言しておきたい。

　私にとって、ほぼ全く理解の埒外にあった高校の授業といえば、化学と生物が挙げられる。いま、生物の授業についてだけ、お話しさせていただく。生物の科目そのものはそれほど嫌いではなかった。教科書こそさすがに愛想に欠けるけれども、参考書などをめくって、結構面白そうなところもあるとは感じていた。問題は学校の授業だった。生物の先生は、とびきり熱心な方だった。分子生物学なのだろうか、バクテリオ・ファージなどの言葉が飛び交い、そういう大学を先取りする先端的な講義とグループ実験とが必ずセットとなり、実験後には毎週のようにレポートの提出が求められた。モデル授業として有名だったらしく、参観者も少なくなかった。医学部受験組の生徒など、目を輝かせて履修していた。

　こちらは、徹頭徹尾チンプンカンプンだった。いや分からないのはこちらの能力不足だから仕方ない。問題なのは、熱心で厳しい先生だから、内職が許されなかったことだ。当時の私は、分からない授業はずっと本を読んで過ごすことにしていて、おかげでドストエフスキーの長編小説はあらかた学校で読み終えた。それができず、全く理解できない先生の熱弁を浴

び続けるのは、ひたすら苦痛だった。いや、正直に言おう。分からない生徒を放っておくだけならまだしも、時に嘲笑的にさえ扱う（ように見えてしまった）その先生が嫌いだったのだ。

　さて、では私にとってその生物の先生の授業は意味がなかったか。決してそうではなかったから、人生は不思議だ。それはある日の授業での先生の一言に起因する。「個体発生は系統発生を繰り返す」という言葉が、突然耳に跳び込んできた。まるで韻を踏むような、あるいは俳句のような、一種詩的なその言い方に興味を惹かれ、家に帰って調べた。調べて思った。自然は、生命は、なんというロマンを開示するのだろう、と。これは文学そのものだ、とも思った。いまでもそう思っている。文学の歴史は、個人が生きる中で再生するのだ。一生もののこの一言を授けていただいただけで、十分お釣りがくる、と思っている。そして古典の授業も、生徒の心に一生刻まれる価値あるものだと信じている。

　本当に古典は必要なのか。必要である古典であってほしい、と心から願っている。それには高校の先生方の力がなにより大きい。魅力ある授業をしていただきたいと願う。そして魅力ある授業のためのアイデアを提供できたら、と思う。

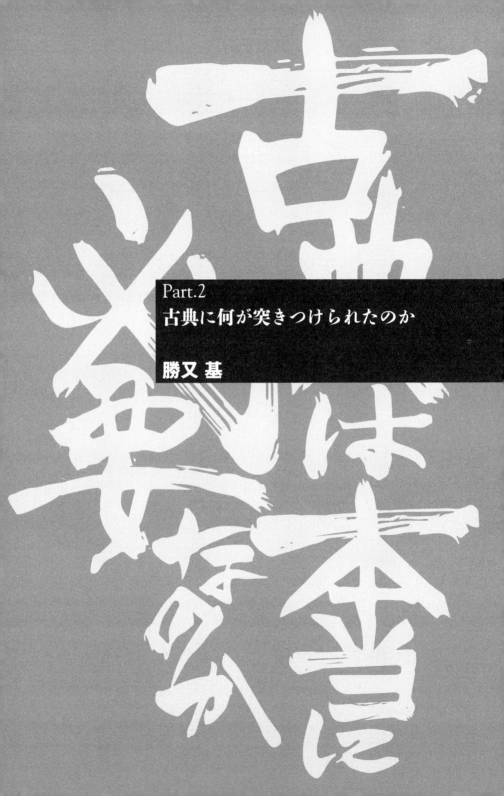

Part.2
古典に何が突きつけられたのか

勝又 基

1. 開催まで―身内の怪気炎にすぎないシンポを越えるために

■ 1. 否定派と対峙するために

　近年、特に 2015 年のいわゆる文系学部廃止報道以来、人文学や文学、古典の危機について論じる会合は少なからず開催されて来た。しかしながら、筆者自身はそれらに対して若干の不満を持っていた。その理由を端的に言えば、身内の怪気炎にすぎないように思えたのである。これほど人文学や古典が危機にさらされているのは、それが不要と考えている人々がいて、そういう人たちによって状況が少なからず動かされているからに外ならない。今までの議論は、こうした反対派と対峙しないまま、必要論だけを語っている。それが物足りなかったのである。

　現状に対して本当にインパクトのある議論をするためには、否定派を壇上に迎えて古典不要論を述べていただくしかない。このことは分かっていた。しかし当然ながら、そのような否定派の論客がそう簡単に見つかるわけもない。壇上に登って、顔と名前とをさらし、（恐らくは）多くの古典肯定派の前で堂々と古典研究・教育を否定するには、かなりの理論武装と勇気が必要だろう。Twitter で人文学を罵る匿名の人はいるが、そうした面々に務まるはずもない。一時は私がいわゆる否定論を整理して悪役を演じ、それに対して他の人文学研究者に反論しようかと思ったほど、それは絶望的な目論見であった。

　進展のないまま 2 週間ほどしたある日、大阪大学の飯倉洋一氏から「私の知り合いではないが、Facebook で『文学部への税金投入は無駄だ』と言う工学部の先生（文学研究科の先生といつもコメント欄で議論している）がいます」との情報を得た。それが今回の否定派パネリストの 1 人、猿倉信彦氏である。

　もう 1 人の否定派パネリストも、猿倉先生に何人か候補を挙げていただき、筆者からオファーした。この中には「私は古典は必要だと思っている

のでお断りします」という方もおられた。最終的には東芝の開発畑で働いてこられた前田賢一氏がのってくださった。社会人からの目線はぜひほしいと思っていたので、これはありがたかった。

まもなく、猿倉氏からパネルのタイトルが上がってきた（猿倉氏は仕事が早い）。「現代を生きるのに必要度の低い教養である古典を高校生に教えるのは即刻やめるべき」。これを見た瞬間、筆者は今回のシンポジウムの成功を確信した。しかし一方で、ともすると否定派の圧勝に終わることもあり得る、との危惧も抱かされた。古典の意義や楽しさをただ訴えるような従来通りの議論では、粉砕されかねないと感じたからである。

古典肯定派パネリストの人選は、あとから行った。もちろんこれも紆余曲折あったが、筆者の知る可能な限りで、最も否定派との議論に耐えられる研究者を選んだつもりである。

メンバーが確定したので、ポスターを作成した。構図は映画「仁義なき戦い」を下敷きにした（扉裏参照）。本物では刺されて仰け反る男性が大きくあしらわれているが、それを『東海道中膝栗毛』の挿絵から、主人公・弥次郎が、スッポンに手を噛まれて痛がる姿に差し替えた。また、実は大学で行っている成人の日のシンポジウムはこれで４年目になるのだが、以前からインターネット中継が見づらいとの苦情が出ていたので、機材を買い揃えた。さらに、事前に議論を整理し、当日来られない方々も参加できるよう、Twitterのハッシュタグ「♯古典は本当に必要なのか」も作成した。

■ 2. さまざまな反響

シンポジウムの概要をSNS上に公表すると、さまざまな反響がまきおこった。一部には激怒なさる方もおられた。「あまりにも乱暴」「愕然とした」「大学でやるシンポジウムなのか」というような意見である。ただ企画した側としては、こういう方々が一定数いるのは想定内だった。実際外部から見ると、こうした怒りは、いかにも日本文学研究らしい反応に映ったようだ。海外の研究事情にも詳しい図書館学者の江上敏哲（@egamiday）氏の

ツィートを二つ引用しよう。

○○は本当に必要なのかと問われて、必要だと思うならば巧拙はともあれ理由を述べて議論すればいいと思うんだけど、なんや知らんが問われて怒り出す人って、要するに図星をさされたんだなあって思う。"批判を受けるリテラシー"に乏しいとそうなる、気をつける。古典を学んで価値観を相対化しよう。

日本文学講師の会合にたまたま出たことがあり、みな口々に、学生も大学も文学の大切さに無理解でないがしろだ、と愚痴るんだけど、最後まで「なぜ大切かをどう分かってもらおうか」を言う人がいなかったので、滅びそうだと思った。史学も図書館もデジタルアーカイブも同様かと。

もちろん、感情的な反応を横目に、本シンポジウムの意図を的確に把握してくださる方数多くおられた。司会を務めていただいた飯倉洋一氏は、ブログでシンポジウムの目指すところと意義について、的確にまとめてくださった[1]。また、さまざまな意見がTwitterで飛び交う中で、新稲法子（@niina_noriko）氏の以下のツィートは的確でありがたかった。参加者にとっての指針にもなったのではないだろうか。

古典必要派がこれまで個人的な体験に基づいた情緒的感情的なことしか言ってこなかったツケを払わなければならない時代が来てるんだと思ってる。
このタイトルに感情的に反発してる段階で勝負は見えてるんですよ

[1] http://bokyakusanjin.seesaa.net/article/463536383.html。

> 古典不要論はここまで来てる、これにきちんと向き合わなければならないと目を覚ますことがこのイベントの目的だと認識しています。
> これまでのように人生で行き詰まったとき古典があなたを救うんですみたいなノリだともう削られてしまうとこまで古典教育は追い詰められている、そういう現状認識が求められているのだと思う。
> たぶん不要論者を説得しないと予算とかカリキュラムとかに影響するとかそういうとこまで来てるんではないかなあ。だからこういうイベントで目を覚ましてほしいと。専業非常勤の私には直接関係ないけど。
>

参考にして取り入れた意見もある。それは、議論の前提を定めてほしい、というものである。以下いくつか引用しよう。

> 賛成・反対とも自らの体験に即して語ると思われる。体験は個人的なものに過ぎないが、それゆえ多くは固く揺らがない。ここに大枠を嵌めて合意が作れるのかが楽しみ。個人的予想はたぶん無理。できたら心からの拍手を。　　　　　　　　　金木犀（kin_mokusei）氏

> 学校教育（義務教育までかそれ以上か？）において古典（現在の古文漢文？）を教えることが必要なのか、ということになるんだと思う。古典とは具体的に何か、必要ってどういうことかを最初に確認するんだろう。でないとまともな議論にならない。
> 　　　　　　　　　　　　　　　新稲法子（@niina_noriko）氏

> 「必要だ」とか「不必要だ」とかいう意見は出てくるけど、「なぜ必要なのか」「何に対して必要なのか」を明確にしないとモヤモヤしますね。古典は面白いと思うけど、"学校教育での古典"が「受験にも使いま

> せん」となったとき多くの人間が「いらん」て思うのは理解できる
> 🐦 はやと（ぉ）（@hayatoko3）氏

　意外な反応もあった。ポスターや告知で否定派パネリストの方々の所属を「某旧帝国大学　某研究所　教授」「某大手電機メーカー　OB」とおぼめかしたことに対して、「不公平」などの批判や、揶揄が起こったことだ。実はこれは、否定派パネリストの方々からの申し出であった。もちろんお2人の所属や経歴はネット検索すればすぐに分かる。このことはお2人も重々承知である。それでもこのような申し出をして来られたのは、「組織の意見と誤解されないよう」「個人の意見であることを明確にするため」という理由であった。実際、開催前に所属先へ中傷めいたメールが届いたという。こうしたリスクを冒して登壇してくださっている、ということに、身が引き締まる思いがした。

■3.「古典はこんなに面白い」は通じない

　猿倉氏の発表趣旨、「現代を生きるのに必要度の低い教養である古典を高校生に教えるのは即刻やめるべき」は、過激さに目を奪われがちだが、実は考え抜かれたものである。氏はシンポジウムが始まる数日前に、約6000字におよぶ発表素案を肯定派パネリストへ送り、「目からウロコの反論が聞きたい」と申し出た。そこで提出されたのが、「高校生に古典教育は必要か」という論点である。

　実のところこれは、古典文学研究の意義についての議論を想定していた当初の目論見からは、やや外れたものであった。筆者は国語教育の専門家ではない。本来ならば、高等学校の先生方の会合か、大学でも教育学部で議論すべきテーマである。しかしながら、古典の世界にどっぷりと浸かり、それで飯を食っているわれわれには見えない点は必ずある。まずは否定派の意見に耳を傾けることこそ、このシンポジウムの眼目であるので、議論の攻防線をここに設定することとなった。

実際、この論点はクリティカルである。「私は古典が好き」「古典にはこんなに面白い作品がある」「古典を知っている方が人生が楽しくなる」というような、主観的な肯定論は、「まあお好きな方はどうぞご自由になさってください」と受け流され、無効化されてしまうからだ。古典を学校で教えれば好きになる人が出るのは当然のこと。しかしいま、高校生の限られた時間の中で、それを強制的に教えることが本当に必要なのか、と問うているのである。

おりしもシンポジウムの翌週、大学入試センター試験が開催された。そこでの古文の問題文は室町時代の物語『玉水物語』であった。雄狐が、恋する姫に近づくために美少女に化けて仕えることになる。このストーリーに一部の受験生は反応して、「だから古典が好き」「センター試験は攻めている」などと称賛した。また前週に開催された本シンポジウムとからめて、「『玉水物語』がアニメ化されれば古典不必要論に終焉が来るのでは」「もはや古典不要論争は終わった」などという意見も聞かれた。

しかし、シンポジウムに実際に耳を傾けてくださった方にとっては明らかなことだろうが、面白い作品で人々が盛り上がる、ということは、「高校生に古典教育は必要か」という議論にとっては全く意味をなさない。むしろ、こういう「面白さ」だけで盛り上がっている人々を否定派は冷ややかに横目で見ながら、粛々と具体的に、古典を教育や研究の場から締め出しつつあるのだ。

古典は世の中に必要だ、高校必修にももちろん必要だ、と考える方は読者の中に少なくないはずだ。そして、それぞれにそう思う理由がおありだと思う。その「理由」に、次の3つの質問をぶつけてみていただきたい。

「でもそのことは、古典（古文）じゃなくても教えられ（学べ）るんじゃないですか？」

「でもそれは、原文じゃなきゃいけないんですか？」

「だからといって、必修じゃないといけないんですか？」

この３つの問いに答えを持たない擁護論は、当日の否定派パネリストの前では瞬殺されたはずだ。それだけ否定派は考え抜いて来たし、「高校必修から外せ」という攻防戦においては、確固たる論陣を張って来たのである。

2. パネリスト発表

■ 1. 否定派①　猿倉信彦氏

　まず氏は、教育の目的について、自らの考えを明確にした。教育の出資者は国と家族。その国への還元は GDP か競争力、個人への還元は収入か自己実現、である。この立場から、古文の有用性とは何か、という点について論じた。

　氏の立場からは当然、高校生は役立つことを学ぶべき。国語は、いわゆる論理国語こそ「役に立つ」ものである、とする。その点古文は、そろばん、習字、欧州系第 2 外国語、英文タイプなどと同様に、需要度が低下し、消え去るべきものと位置づける。それでも古文が残っているのは、国語教育関係者が既得権益にしがみついているからにすぎない、というのである。

　猿倉氏による「国語」科目の腑分けは明確である。哲学的側面は現代文、情緒的古典は選択の芸術科目に、ということである。その上で、哲学的側面については、基本的に有用でないという立場を取る。それは、西洋哲学や古典と違って、科学技術と接点が役立たないので、国際競争と関わりがないからである。また、東洋哲学には意味のありそうな部分もあるが、それは、現代語訳で社会科目として教えれば良い、というのである。

　また、古典の価値を測るのに、「コンテンツビジネス」という視点を用いているのも、特徴的である。『源氏物語』や和歌・俳諧はこの点で著しく劣っている。商売になるか、海外にアピールできるか、という面で、古典のカノンを再編成せよ、というのである。

また氏は、古典は無用、というだけでなく、かえって有害でさえあると
する。それは、ポリティカル・コレクトネスの問題である。古典教育が、
年功序列や男女差別、出る杭を打つといった概念の固定化を刷り込むツー
ルになっている、というのである。

　猿倉氏のプレゼンで特に強調されているのは、「競争力」の強化である。
ステレオタイプな経済界の意見を代弁しているがごとくである。「古文を
教えたらその子の生涯年収は上がるのか」という発言に、その立場は先鋭
的に表れている。「経済界の要請に100％沿った日本文学科があってしか
るべき」という提言もあった。

■2. 否定派②　前田賢一氏

　「幸せ」「教育の意義」から始めた猿倉氏に対して、前田氏は「古典」と
「古文」の定義から始めた。「古典」は過去に書かれて、内容が立派なもの。
対して「古文」は、古い文法で書かれているもの。氏の定義の特徴的なの
は、それぞれに、外国文学や文学以外も含めているところである。「古典」
にはベートーヴェンの音楽やニュートンの物理学書、「古文」には、ギリシャ
語やラテン語文献も含めている。

　その上で、明確に結論を示した。「古典」は現代語訳（つまりは中学レベル）
で十分。「古文」は高校では選択制にすべき、というものである。それぞ
れの論拠について見てゆくが、先取って言えば、古典・古文を定義する際、
外国語・外国文化を含めたことを、存分に利用している。

　まず「古文」については、原文を使わなくても文化は十分に理解できる、
とした。そうでなければ外国語文学がノーベル賞を取れるはずがない、と
の例示は説得力をもって聞こえた。さらに言えば、古文が必要なら、なぜ
ラテン語はやらないのか、と問うたところが面白い。

　また逆に、古文を勉強してもどうせ完全には理解できない、とした。そ
の文学が書かれた時の文化を知らねばならないし、受け取る側のパーソナ
リティによって理解度が大きく異なることを論拠に挙げた。言語の理解と

いうところに注目するのは、企業でパターン認識に携わって来られた前田氏らしい。

代わりに「国語」で教えるべきはリテラシーである、とした。特に、「誤解のない文章の作り方」というポイントを挙げたところに特徴を感じた。

■ 3. 肯定派① 渡部泰明氏

まず氏は、「古典は主体的に幸せに生きる知恵を授けるもの」と定義し、そのことを学校教育の段階で気づかせるべきだ、とした。

その古典が与え得る「幸福」とは、情緒的なことではなく、良い仕事をするということ。その良い仕事をするために古典がどう役立つかという道筋を、氏は2点提示した。一つは指導力。人を教え導くには情理を尽くすことが必要である。この情理を学ぶのに古典は大変有効だ、とした。もう一つは着想力。アイデアが生まれる直前の心が複雑になって錯綜した状態。これを古典、特に和歌はよく表現している、とした。その上で、上記2点を古典が育む具体例として、『徒然草』第137段「花は盛りに」の例を挙げた。

加えて、和歌をバラして組み立てるという授業実践例を紹介した。参加型文芸として1000年以上生き残ってきた和歌こそ、古典に「参加」してその体感するのにふさわしいとし、心をいったん切り離す、という境地が体得できるのも、和歌を学ぶことの効能である、とした。

一つ個人的に残念に思ったのは「今日は反論のための反論をするつもりはない」（本書55ページ）という発言があったことだ。筆者自身はまさに反論をする場としてこのシンポジウムを設定したからだ。同様に、埼玉大学大学院教育学研究科で学ぶ濱野天司郎（@TigerSophia61）氏からは、リアルタイムで次のようなツィートが寄せられた。

私はまだまだ青いので渡部先生が肩の力を抜いて古典良いよねで押し切ろうとしていたところに一切納得がいかなかった。古典を愛する者として没入することの良さや市民にとって古典がいかに必要かをもっ

> と理知的に伝えて欲しかった。それが古典必要論者重鎮の使命だと思
> うのだ。 🐦

■ 4. 肯定派②　福田安典氏

　福田氏はまず、「それなりに豊かな国の納税者は、その対価として自分
の国の文化を知る権利がある」とその立場を表明した。

　次に、文系・理系の学びが分かれている現状に疑問を呈する。その上で、
氏の専門である江戸時代の読書を例に挙げた。江戸時代の医学書は、基本
的に漢文で書かれていた。そして、医学書を踏まえたパロディーも漢文で
書かれている。作者と読者が、医学書と文学書との両方を知っている必要
があり、医者こそ漢文の素養が必須であったように、理系・文系の対立概
念がなかったのが江戸時代だったとした。そして、こうした知の世界に分
け入ることができるのが文学部であり、そこを目指す人を育成するには、
高校までに基礎となる古文・漢文の学習内容が必要だ、と結論づけた。

　もう一点の論点は、日本の伝統を重んじる「姿勢」こそ海外から見て貴
重だ、というものである。そのためにフィリピンの事例を挙げた。フィリ
ピンで反日運動が盛り上がり始めた時、日本の伝統芸能を学ぼう、という
動きが起きて、それによって矛先が弱まったのだという。また、自国の伝
統芸能が消えるかもしれない、という危機感を持つフィリピンは、同じ島
国でありながら伝統芸能を大事にする日本の状況に学ぼうという動きがあ
る、ということである。

3. 古典の優先度はどの位置がふさわしいか

■ 1. 必修古典の縮小はすでに決まっている

　ディスカッションでフロアから、「優先度」に関しての意見を聞かせて
ほしい、という質問が出た。これこそ否定派の議論の核心であり、肯定派

がプレゼンテーションで十分に答えなかった点である。まさに出るべくして出た質問だったと言えるだろう。

肯定派の福田氏は、すでに古典は十分縮小されている、との前提を共有した。確かに、福田氏が指摘した通り、国語科における古典の割合は縮小が既定路線である。

ここで整理しておくと、高校の国語の変更内容はすでに 2018 年 3 月に文科省「高等学校学習指導要領」告示にて示されている。ここではシンポジウムの議題である、必修科目についてのみ挙げておく。

【現行】「国語総合」（4 単位）
【新】　「現代の国語」（2 単位）、「言語文化」（2 単位）

現行の必修科目「国語総合」は、学習指導要領では、「古典を教材とした授業時数と近代以降の文章を教材とした授業時数との割合は，おおむね同等とすることを目安」と指示されている。単純計算すれば、高校 1 年生の国語の学びでは、古文・漢文は約 50 パーセントということになる。

これが、新学習指導要領で示された「現代の国語」「言語文化」という枠組みではどう変わるだろうか。「現代の国語」は、文部科学省の解説によれば、次のようなものである。

「現代の国語」については，主として「話合いや論述などの『話すこと・聞くこと』，『書くこと』の領域の学習が十分に行われていない」という課題を踏まえ，特にこうした課題が，実社会における国語による諸活動と関係が深いことを考慮し，実社会における国語による諸活動に必要な資質・能力を育成する科目として，その目標及び内容の整合を図った[2]。

従来の読解中心の国語への反省のもとにできた科目だというわけである。「実生活における国語における諸活動」と明記している通り、話し、聞くことに時間を割くよう指示されている。ここで中心となる学びは、プレゼンテーションやディベートである。

つまりは、近現代の小説やエッセイ、古文、漢文といった、数十年前の国語教科書に掲載されていた内容は、すべて「言語文化」に押し込められる、というわけである。「言語文化」の内訳は、古典が 40 〜 45 単位時間程度、近代以降の文章が 20 単位時間程度、と指示されている。要するに、これまで必修国語の約 2 分の 1 を占めていた古文・漢文は、新学習指導要領で約 3 分の 1 まで縮小させられる、ということになる。

福田氏は、こうした現状を踏まえて、これでも多すぎるというのか。古典を消し去れというのか？という逆質問をしたわけである。この回答の裏側には、「古典不要論を唱えている方々の意見は、国語教育の現状に対する認識が古い」、という苦言が込められている。否定派パネリストおよび聴衆の否定派の多くは、自身が高校生だった何十年も前の苦い体験に基づいている。しかし国語という科目は時代とともに変わっており、これからも変わろうとしている。その変化の中で、古典は確実に減少している。こうした流れを見据えた上で、あえて否定を説いているのか、と問うているわけである。

もちろん、否定派の答えはイエスだ。教科書のページ数の問題ではなく、ゼロにしろと要求しているからだ。

■2. 人文学軽視の背景

人文学が国から、また理系学者から軽視され、不要とまで言われる根拠はいくつかある。そのポイントを 3 点挙げて、ここで共有しておきたい。

---

*2　文部科学省「高等学校学習指導要領（平成 30 年告示）解説　国語編」（2018 年 7 月）p.10。

■ A.Society5.0

　実は現在の古文・文学軽視は、大きなうねりの中の一つの現れでしかない。うねりとは、「Society5.0」のことである[3]。簡単に言えば、ビッグデータや AI の時代に適応して、経済発展と社会的課題解決との両方を成し遂げよう、というものである。2016 年 4 月ごろから提唱された。否定派猿倉氏が国の人文系軽視傾向は「議論の対象ではない事実」（本書 25 ページ、図 8）としたのは、これに基づいている。

　日本ではまだ実感がないかもしれないが、海外は明確に日本をそういう社会だと見ている。今年 4 月、朝日新聞は「文系予算削減、日本が手本？ブラジルが計画」[4] という記事を掲載した。

　　南米ブラジルのボルソナーロ大統領は 26 日、自身のツイッターで、国公立大学での哲学や社会科学分野への予算削減の計画を明らかにした。教育相は、日本を例に挙げ、「役に立つ学問」への資金投入の必要性を説明。研究者らは「大統領と大臣の無知が明らかになった」と反発している。

　日本はすでに「役に立つ学問」に振り切った国、と見られているのである。

■ B. 人文学の業績は計測できるのか

　その「Society5.0」を牽引する文部科学大臣補佐官・鈴木寛による文章において、理系に比べて文系の学部学科は世界ランキングが低いことが指摘されている。これを猿倉氏が引用した（本書 26 ページ）背景には、国立大学の文系研究者を大幅に減らし、その金を理系に回せ、という欲求がある。人文系のような役には立たないけれど、低い予算ながら入学生だけは困らない程度に入る国文学は、私立大学が経営のためにやっておけば良し

[3]　内閣府ホームページ（https://www8.cao.go.jp/cstp/society5_0/index.html）。
[4]　「朝日新聞」電子版 2019 年 4 月 27 日。

（本書33ページ、図17）、ということである。

　ここからは二つの問題が生ずる。一つにはランキングにこだわることの是非、もう一つは人文系学部のランキングが低いままで良いのか、という問題である。

　まずランキングの是非について。ノーベル生理学・医学賞受賞の大隅良典氏は次のように言う。

　　視野の狭い研究者ほど客観指標に依存する。日本の研究者は日々忙しく異分野の論文を読み込む余裕を失っている面もある。だが異分野の研究を評価する能力が低くては、他の研究を追い掛けることはできても、新しい分野を拓いていけるだろうか。研究者は科学全体を見渡す能力を培わないとダメになる[*5]。

　客観指標のための研究になってしまうことの危険さは、誰でも想像できるだろう。目的に対して性急でありすぎると、かえって非効率的になる。また目的自体が現実によって変わってしまうこともあり、ともすればすぐ古びてしまう。だから含みを持たせて、多少ゆるやかな形で問題に対するべきである、とは肯定派パネリスト渡部氏の言である（本書93ページ）。いまの経済界や理系からの人文学たたきを見ていると、「貧すれば貪する」という言葉が浮かんでくる。日本全体の疲労と退潮によって、目先のことばかりに汲々として、一歩引いて考える余裕を失っていることの現れではないだろうか。

　もちろん、だからといって客観指標を意識しなくて良い、と言いたいわけではない。もう一つの問題、日本の文系のランキングが低いままで良いのか、という問いは、考えるべき喫緊の課題である。日本の大学の人文学

▍*5　ニュースイッチ「どうなる日本の科学（9）　ノーベル生理学・医学賞受賞の大隅氏「視野の狭い研究者ほど客観指標に依存する」」（https://newswitch.jp/p/11497）。

部のランキングが世界的に低い理由は、その成果が英語で書かれていないから、ということが極めて大きな理由であるのは間違いない。その根底には「日本のことについて学ぶのは日本の大学が一番」「日本研究は日本語の雑誌が最高峰」というような考えがある。これは当然のように聞こえるが、少なくとも筆者の知る限り、欧米の研究者は微塵もそのように考えていない。また、多くの非英語圏の研究者が、そうした言語の壁を越えて世界で議論を試み、世界的な大学評価にも貢献している。日本研究だけが閉じこもっていい訳はないし、実際世界はすでに日本を置き去りにして動いている。

いま国立の日本文学系大学院博士課程では、日本人学生がとても少ない。それもそうだろう。大学の4年間で奨学金という名のローンにがんじがらめになって、若者は格段に夢を追いにくくなっている。そのうえ、目指す先の日本文学科は方々で縮小されており、残ったポストも非常勤や任期付きなど不安定なものばかり。さらに年齢的に、一般企業に就職するという退路も断たれる。就職売り手市場のいま、この無理ゲーにチャレンジする学生が少ないのは無理もない話である。

代わりに定員を埋めてくれているのは、ほとんどが東アジアからの留学生である。しかし、その国々が国際標準に目覚めるのは、それほど遠い未来ではないだろう。少なくとも日本よりは早いはずだ。そうなった時、日本の大学院には誰が入学するのだろうか。もはや海外の大学との競争は始まっているのである。今後、選ばれる大学院になるためには英語対応が必須である。しかし残念ながら、日本文学系の大学院におけるこの点のフットワークは絶望的に重い。

■C. 数学における行列の廃止

理系の猿倉氏が「優先度」という旗印のもと、ジャンルを超えて古典へ切り込んで来た個人的な背景の一つには、数学教育への不満があった。特に、高校数学の指導要領から行列が消えたことをきっかけに、大きな危惧

を抱かれたようだ（本書101ページ）。しかし幸いなことに、2019年5月17日に教育再生実行会議から安倍首相に提出された第11次提言では、AIに必要だということで、行列の復活が盛り込まれているそうだ[*6]。これで今後、古典への矛先は弱まるだろうか。恐らく弱まらないだろう。

4. 古文を学んでも幸せになれないのか

■ 1. 教育が与えられる「幸せ」は何か

　ディスカッションで早い時期に投げかけられたのが、「幸せ」に関する議論である。否定派猿倉氏は、古典文法を教えたら、その高校生の生涯年収は上がるのか？企画書・発表・議論が得意な人のほうが、俳句とか読める人より社会ニーズがありますよね、と問うた（本書36ページ、図21）。しかしこれは、ステレオタイプな理系の意見だと言えるだろう。反論することは簡単である。

　第1に、これは多くの単元について言えるものだ、ということだ。「微積分を学べば年収は上がるのか」と問うてみればよい。上がる人もいれば上がらない人もいる。微積分も古文漢文も同じことだ。簡単な話である。

　第2に、否定派が最重要と考えているはずの科学技術、経済自体こそ、そうした人文知の軽視によって行き詰まっている。猿倉氏が提示した通り、30年前に世界のトップを独占していた日本企業はすでに凋落し、海外のGAFAに取って代わられている（本書27ページ、図9）。Google、Amazon、Facebook、Appleといった企業が、科学技術だけの会社だと考える人はいないだろう。デザイン、インターフェース、広告といったアイデアは、文理融合そのものである。そしてアイデアの多くは他者を受け入れるところから生まれる。古典の知こそ、最も受け入れが容易な「他者」である。

[*6]　ウェブサイト「Nikkei XTECH」2019年5月20日記事（https://tech.nikkeibp.co.jp/atcl/nxt/column/18/00001/02190/）。

第3に、個人のレベルにおいても、数学知識やプレゼンの知識だけでは
やっていけない。誰もが研究職になれるのであれば、数学とプレゼンテー
ションだけ勉強していれば良い。しかし多くの人はそうではない。大企業
に理系の研究職で就職したからといって、少なくとも日本企業では、一生
そのままでいられる保証はない。研究職が営業職へと配置転換されるのが
日本の企業である。

■2. 日本を経済奴隷の工場にしたいのか

第4に問題としたいのが、GDP、競争力、年収、自己実現を「幸せ」と
する前提そのものである。経済目線、科学目線ともいうべき視点は、絶対
的なものだろうか。「数学をやって役に立つんですか？」「古典をやって役
に立つんですか？」。そもそもこういう質問をする人は、金になる答えで
ないと納得しない。しかし問題はその先である。金になることだけが、学
ぶことによってもたらされる「幸せ」だろうか。競争力や年収のみを無邪
気に信奉して、盲目的に進むことが幸せとは言えないだろう。立ち止まっ
て考えることも重要だ。そしてそこにこそ、人文知の役割がある。

例えば社会のマイノリティに目を向け、世の中を誰にとっても住みやす
いものにしようとすること。例えば社会やネットで飛び交う流言飛語に惑
わされず、自分の目で確かめ、自らの頭で判断する力を身につけること。
こうした、いわば、「良き市民」となるための教育は、人文学の役割である。

目の前の利益だけを考えて批判的な視点を持たない人々というのは、あ
らゆる権力にとって、最も扱いやすい人々である。それは言い換えれば、
最も軽視してよい種類の人々だろう。

隠岐さや香『文系と理系はなぜ分かれたのか』[*7]の第2章「日本の近代
化と文系・理系」は、国公立大学の人文・社会科学系の学部が少ないまま
に留まり続けていることを整理した上で、次のようにまとめている。

[*7]　2018年8月、星海社。

186

ただ、私が気になるのは、この人員配置が、少なからず日本においては、「目先の目標のために批判勢力が封じ込められてきた」歴史とつながっているようにみえることです。「科学」そのものではなく、利便性を追求する「科学技術」に無邪気に信頼を寄せるような人ばかり求められてきた。そういう側面はなかったでしょうか。

　「植民地化されない国家の建設」「経済成長」といった明確な目標がある時代はそれでよかったのでしょう。しかしながら現代の社会は、地球環境問題から資本主義社会が抱える矛盾に至るまで、複雑な問題を抱えています。しかもそれは、経済成長や科学・技術イノベーションの結果、人類がフクザツで高度なシステムを作り上げるに至ったことから生じているのです。残念ながら、東日本大震災の際の原発事故もその一例となってしまいました。

　ノーベル賞化学賞学者で元・教育再生会議議長の野依良治氏のインタビューも、次のように言う[8]。

　　学校教育は、社会のためにある。個人が自由に生きる権利は大切だが、決して入学試験に合格するためだとか、あるいは金持ちや権力者になるためにあるのではない。教育界というのは日本であれ、あるいは世界であれ、あるべき社会を担う人を育まなければいけない。健全な社会をつくることが、国民それぞれの幸せにも反映するわけです。
　　私は、文化は4つの要素から成ると思っています。「言語」「情緒」「論理」、そして「科学」。
　　言語は地域によってものすごくたくさんあり、他方で科学は一つし

*8　THE PAGE(https://news.yahoo.co.jp/pickup/6328026)2019年6月25日。pp.1-2。

かない。情緒や論理の多様性は、その言語と科学の間にある。これら
の文化的な要素をきちんと尊重しなきゃいけない。決して軍事力や経
済力で踏みにじってはならない。

　私は科学者ですが、将来を考えると科学知識や技術だけでは、人々
は生きていけないと思います。やっぱり文化に根差す思想がないと、
未来を描くことも、実現することもできない。

　日本人を経済奴隷の工場に陥らせないためには、人文系の学問が役立つ
はずである。

　もちろんここで問われるのは、古文がどのような点で貢献できるか、と
いう問題である。これについては、あとで述べる。

■3.「役立つから必要」なのか、「役立たないけれど必要」なのか

　ディスカッションにおける否定派の前田氏の発言の中で、著名な素粒子
学者が自分の研究のことを「役に立たない」と謙遜している、という逸話
が紹介された。もちろん、前田氏は素粒子論が不要だと言いたいわけでは
ない。「役に立たない」と「必要でない」は違う。だからこそ、「必要だ」
ということを説明しなければならない。古典はその必要性が説明できてい
るのですか、という問いかけである（本書94～95ページ）。

　実は、古典文学と理系の基礎科学とは、似たような苦境にある。週刊ダイ
ヤモンド2018年47号特集「日本人はもうノーベル賞を獲れない」では、
ノーベル賞科学者たちが、基礎科学への理解と支援を求めている。

　梶田隆章「私がしている宇宙の研究などは恐らく、将来も社会の役に
　は立ちません。でもそれはそれとして人類の知を拡大する、全体の活
　動に参加するという意味でやるべきだと考えています。それなりのリ
　スペクトをしてほしいと思います」(p.38)
　大隅良典「科学研究に対する社会的なリスペクトがなくなってもいま

す。それは「科学は役立つものでなくてはならない」というあしき誤解とつながっている。社会が音楽や絵画などの芸術を不可欠な文化として必要とするように、科学研究もまた文化であるとの認識がありません」(p.44)

── 「役に立つ人材を育てるのが研究の使命」と語る人もいます。

大隅良典「安倍首相も似たようなことを言っていました。しかし、それはものすごく問題意識の低い発言です。サイエンスとテクノロジーを混ぜこぜにしている」(p.44)

それぞれのうち、「宇宙」「科学」「サイエンス」といった言葉を「古典」に置き換えれば、そのままわれわれの窮状を訴えているかのようである。人類の知を拡大するのに役立っているのだからリスペクトしてほしい。国語は役立つものでなければならないというのは悪しき誤解で、不可欠な文化であると考えてほしい。役に立つということだけにこだわるのは問題意識が低い発言だ……。

しかしながら、実はノーベル賞科学者たちのこうした説明も、「必要だ」ということを十全に説明できているとは言いがたいのではないだろうか。むしろ主張としては、必要ではないが、認めてほしい、リスペクトしてほしい、という方向のものである。

古典に携わる各教授者は、「限られた高校必修の時間の中で、なぜ古典を学ぶことが必要なのか」という社会からの問い、「なぜこんなものをやらなければならないのか」という生徒からの問いに対し、明快に答える必要がある。

その際、「役立つから必要だ」と「役立たないけれど必要だ」との、どちらの説明をするのか。そしてそれぞれ、「どう役立つのか」「どう必要なのか」という答えを用意せねばならない。これはわれわれに突きつけられた課題である。

■ 4. 高校教育は何を目指しているのか

「幸せ」「役立つ」論について、大友尚（@thetaleofgenji）氏の発言が目を引いた。

> 古典不要論者は、「日本の競争力を上げるために、必要度の低い古典は選択科目にせよ」と主張したが、そもそも教育基本法に規定されている教育の目的は、競争力を上げること、ではない。だから、学習指導要領も基本的に日本の競争力を高めるためにまとめられたものではない。

確かにそうだ。いったん立ち止まって、国の教育方針を確認してみよう。高校国語の新学習指導要領には、必修科目「言語文化」の学びの目標として、次の3カ条が示されている。

> (1) 生涯にわたる社会生活に必要な国語の知識や技能を身に付けるとともに、我が国の言語文化に対する理解を深めることができるようにする。
>
> (2) 論理的に考える力や深く共感したり豊かに想像したりする力を伸ばし、他者との関わりの中で伝え合う力を高め、自分の思いや考えを広げたり深めたりすることができるようにする。
>
> (3) 言葉がもつ価値への認識を深めるとともに、生涯にわたって読書に親しみ自己を向上させ、我が国の言語文化の担い手としての自覚をもち、言葉を通して他者や社会に関わろうとする態度を養う。

ここには競争力や、それに類する文言は一つもない。少なくとも高等学校の国語という科目は、国際競争力とか、年収とか、そういう目先の目標のために設定されたものではないのである。

■5. 高等学校の学びを低く見積もりすぎなのでは？

　結局のところ、「古文漢文など無用の長物」などという議論は、高等学校の学びを低く見積もったものだと言わざるを得ない。高等学校は決して職業教育の場ではないのだ。分かりやすく説明する、議論をするというのであれば、中学校まででもかなり勉強する。高校ではもっと深く学びたい、と思うのは私だけではないだろう。これは数学や理科も同じである。「生活に必要」「就職に必要」に留まって良いわけがないのである。

　微分積分も古文も、高校卒業後に使う人もいるし、使わない人もいる。しかし、そこで学んだ考え方は、お金を稼ぐためには使わなくても、全く別の何かを工夫している時、内向的に深く思索する時に、手掛かりになることもある。遺伝について新たな考えが紹介されれば、人間という存在に対する哲学的な認識も変わる。こうした学びを、あえて「教養」と言いたい。今の高等学校は教養を学ぶ余地を有しているのだ。高等学校の学びが、まだこうした懐の深さを有していることに、筆者は敬意を表したい。

　その意味で、否定派パネリスト前田氏が示した、「自由度」というキーワードについては賛同できない。高校の必修を減らして、高校生に自由度を与えるべきだ。古典をやりたいという人はもっとたくさんできるようにしたい。いやだったら止めちゃえばいい、という意見である（本書46ページおよび117ページ）。高校生に最初から自由に好きなものだけ学ばせてしまったらどうか。それこそ、本書の端々で危惧されている、専門知識にだけ詳しく他を顧みない「ギーク」（本書113ページ）や、早くから文系／理系に分けてしまう社会を生んでいるのではないのか。義務教育よりもう一歩高い学びを志す若者に、国が提供する学びのデザインこそ、必修科目である。そこには、目先の利益や単なる好き嫌いを超えた、幅広い学びがあってほしい。

■6. 古典は「我が国の一員としての責任と自覚を深める」？

　ただしかし、筆者としては、ここでいったん立ち止まりたい気もある。

先に触れた新学習指導要領における「言語文化」の3カ条の3つめは、「言葉がもつ価値への認識を深めるとともに，生涯にわたって読書に親しみ自己を向上させ，我が国の言語文化の担い手としての自覚をもち，言葉を通して他者や社会に関わろうとする態度を養う」というものであった。さらにこの条に対する解説では、より踏み込んだ、かつ教育基本法に沿った形での説明がなされている。

　　急速なグローバル化が進展するこれからの社会においては，異なる国や文化に属する人々との関わりが日常的になっている。このような社会にあっては，国際社会に対する理解を深めるとともに，自らのアイデンティティーを見極め，我が国の一員としての責任と自覚を深めることが重要であり，先人が築き上げてきた伝統と文化を尊重し，豊かな感性や情緒を養い，我が国の言語文化に対する幅広い知識や教養を活用する資質・能力の育成が必要である[9]。(傍線筆者)

　この文言は、2006年の第一次安倍政権下で改正された教育基本法のうち、(教育の目標)の第五条の次のような文言に準じたものである。

　　五 伝統と文化を尊重し、それらをはぐくんできた我が国と郷土を愛するとともに、他国を尊重し、国際社会の平和と発展に寄与する態度を養うこと[10]。

　確かに「先人が築き上げてきた伝統を尊重」というのは、古典を学ぶ理

[9]　「高等学校学習指導要領（平成30年告示）解説　国語」110ページ。http://www.mext.go.jp/component/a_menu/education/micro_detail/__icsFiles/afieldfile/2019/03/28/1407073_02_1_1.pdf。

[10]　文部科学省ホームページより (http://www.mext.go.jp/b_menu/houan/an/06042712/003.htm)。

由としては極めて通りの良い言葉である。否定派に対して、改正教育基本法や新学習指導要領を笠に着て、「日本人として、国を愛する心がないのか」となじるのは簡単である（幸いシンポジウムではそういう発言はなかった）。

　しかし筆者としては、「尊重」「愛護」といったような言葉に身をゆだねて思考停止はできない。古典は、本当に我が国の「伝統」の象徴であるだろうか。古典は、我が国の一員としての責任と自覚とを深めるための道具なのだろうか。もしそうであるならば、否定派猿倉氏が「教育勅語的価値観を教育したい人たちとの連携？」（本書36ページ、図22）と疑うのも荒唐無稽とは言い切れなくなる。

　安田敏朗『「国語」の近代史』[*11] は、「国語」という概念がいかに矛盾や例外をはらみながら形成されて来たかということを跡付けながら、国語が民族のもの、国家のものという概念が、必ずしも自明でないことを明らかにした。高等学校の古典においても、こうした問いかけはもっとあってほしい。筆者自身は、古典は古い価値観を刷り込むツールではなく、むしろ、現代的な課題を解決する手掛かりになると信じる者である。

5. 古文は日本語力向上に役立たないのか

■ 1. プレゼンに役立たない古文・漢文

　シンポジウムを開催してみて、私にとって大きな驚きだったことがある。それは、理系畑から来た否定派パネリストの方々が、議論力、プレゼン力において、日本文学研究者や国語教員の方々よりも、数段上回っていた、ということだ。

　否定派パネリストのうち猿倉氏は、日ごろは舌鋒するどく、SNS上ではちょっと読むに堪えないような口汚ささえある。しかしながら、本シン

---

*11　2006年12月、中央公論新社。

ポジウムの議論においては、極めて紳士的で、理路整然としておられた。前田氏も、特に質疑応答においてのやり取りの端的さには、しばしば感心させられた。

一方日本文学研究者の側（および質疑応答フロアの賛成派からの意見）は、残念ながら、話が長かったり、論点がずれたり、という場面がまま見られた。出席者や視聴者にも、同じ感想を持った方々が多かったようである。以下にそのいくつかを紹介しよう。

- 反対論者の先生のあまりの説得力の強さとクレバーさに圧倒されました。（会場アンケート）
- 後半のセッションの最初で、肯定派の先生方が、否定派の主張への反論をしなかったのが非常に残念でした。「否定派の人たちはどうせ分からない」といった意図を感じてしまいました。このような姿勢そのものが、否定派の先生方の「議論やプレゼン教育が必要」という主張の正当性を高めていると感じます。（会場アンケート）
- 賛成派は反対派の意見にきちんと答えていない。論点をそらして誤魔化していると思う。賛成派の議論を聞いて、古文・漢文を勉強してもまっとうな議論はできるようにならないことが分かった。（YouTube アンケート村田真氏）

こと「議論」という観点で見る限り、外部からのジャッジは明確に白黒がついたと言わざるを得ない。

無理もないだろう。古文・漢文の指導を生業にしている人のほとんどは、大学の日本文学科（あるいは教育学部国語専攻）から大学院を経て教壇へ、という流れの中で、プレゼンテーションの方法、議論の方法を体系的に学んだ経験がない。もちろん、学会発表や授業を何度も行えば体験的にある程度身につきはするものの、必ずしも汎用性の高いものとは言えない。こと

プレゼンテーションの訓練、議論の訓練、という点で言えば、日本文学に携わる人々のそれは、実は最もプアな部類に属するのかもしれない。

　高校の国語科の改定によって、文学の居場所が大きく狭められることは、早くから問題視されている[*12]。しかしながら筆者には、今後は中高の国語でも、プレゼンテーションや議論にもっと時間を割くべきだ、というのは当然に思える。そのために文学教材が一定量削られるのは仕方ない。高校国語の新必修科目に「現代の国語」が立つことには、筆者は賛成である。もちろん、中身は一層磨いていく必要があるだろうし、その出口である入試問題が、駐車場の契約書を読んだり作ったりというもので良いとは思わない。しかしながら、それが文学作品を読むことで代用可能だとは、到底思えないのだ。

　折しも去る2019年8月10日、日本文学関連16学会による連名で、新学習指導要領に対する見解が公表された[*13]。もちろんそれは「現代の国語」「論理国語」という「非文学」の科目が新設されることへの憂慮を示すものである。しかしながら、その反対理由は、「論理」「実用」と「文学」とを対立概念として捉えたり、区別したりすることは不可能だから、というものに過ぎなかった。これは、いかにも筋の悪い反論だと言わざるを得ない。

　変える側は「論理」「実用」という学習目標のためには文学教材では不十分、と考えているのは明らかだ。ならば守る側は、「論理」「実用」のための授業など不要、と斥けるか、もしくは文学教材でも「論理」「実用」を十分に教えうる、と訴えねばならなかったのではないか。それができないのであれば、一定の席を譲って、その分、これからの国語教育において文学が果たしうる役割を真剣に考えた方が良い。そのほうが、最終的にはより強固な立場を確保できるはずなのだが。

■2. 豊かな語彙は必要ないのか

▍*12　伊藤氏貴「「高校国語」から「文学」が消える」(『文芸春秋』2018年11月号)ほか。
▍*13　「「高等学校国語・新学習指導要領」に関する見解」(https://kayogakkai.jp/joint-opinion/)。

では、古文は日本語力向上に役立たないのか。これに関しては、次の二つの問題点が議論された。

①これからの国語に豊かな語彙は必要ないのか。
②古文は本当に現代語の豊かさを育むのか。

まず①について、その論点を整理してみよう。否定派の猿倉氏からは、語彙そのものを減らすべきだ、との発言があった。

　　最近のアメリカ英語（米語）は50年間でものすごく簡単になってきているはずなんです。それはなぜかと言うと、簡単な米語を話さないと選挙に勝てない、ビジネスができない。
　　今後日本も基本的に外国人を受け入れていくわけだから、そういうベクトルになっていかざるを得ない。基本、学術は英語でやっていくけれど日常生活はやはり日本語でやらざるを得ない。事務とのやり取りや、日常生活を日本語でやることになった時、日本語は意図的に簡単にすべきなんじゃないかなと思います。政策として。語彙は減らすべきです。（本書105〜106ページ）

今後外国人を受け入れてゆくために、政策として語彙は減らすべきだ、という。こうした方針は、選挙のため、ビジネスのためには良いかもしれない。しかしながら、人間として文化的な生活を送るには物足りないだろう。言葉は絶えず、そして自然に移り変わってゆくものである。言うまでもなく、日本語もこの50年間でもドラスティックに簡素化されている。アメリカも、政策として語彙を減らしたわけではあるまい。そういうものこそ自然に任せるのが良い。そしてそれは、日本人が古文を学ぶかどうか、という問題とは別のものである。

グローバル化の世の中だからといって、われわれはナショナルアイデンティティーのない無色透明な人間になる必要は全くない。こういう時代だからこそ、自らのよって立つ文化に対して（肯定的にせよ批判的にせよ）意識的になることは、自然なことだと言っても良いだろう。

■3. 古い言葉は現代語の豊かさを育むのか

②の、古文は本当に現代語の豊かさを育むのか、という問題はどうだろうか。古文の言語としての側面について考えてみよう。

この論点については、賛成派フロアからも投げかけられた。「出る杭を打つ」「餅は餅屋」「○○すべし」などの言葉は古文に由来するではないか、というものである。これについては、否定派パネリスト前田氏から即座に反論が出た。「べし」は国語辞典にも載っている。現代語の範疇に入るはず、というものである。

しかしながら、文語と現代語とのつながり、ということについては、もう少し立ち止まって考えてみる必要がある。辞書編纂者の飯間浩明（@IIMA_Hiroaki）氏は次のようにつぶやいた。

「国語の古典は本当に必要なのか」という議論では、文語文＝古典文学と考えると、話が混沌とします。文語文の中には、文学も論説も公文書もあります。現代のわれわれに必要なのは、「源氏物語」を読み解く能力ばかりでなく、広く過去の文献を読み解く能力です。文学と文学以外を分けて考えるべきです。

戦前までの文章は文語文で書かれたものが多く、ちょっと古いことを調べようとすると、すぐに文語文の知識が必要になります。自然科学でも社会科学でも、昔の日本はどうだったかを調べる機会は多いはずです。そのための基礎知識を形成するには、文語文の授業は選択ではなく必須とするのが妥当です。

つまり、古文の知識を切り捨てることは、昔の日本とつながるチャネルを自ら断ち切ることなのである。

■ 4. 韓国人はかわいそう？

古えとのつながりを断ち切る、ということで言えば、数年前、次のような文章を読んで驚かされた。韓国の文字文化に関してのものである。

> ところが、「日本憎し」のあまり、短気を起こして本当に漢字を廃止し、ハングルという独自の表音文字だけにした韓国では、国民の大多数が、わずか70年前の書籍や新聞をまったく読めず、歴史の真実に向き合えないわけです。おかげで戦後の韓国は、文化的水準が下がったはずだと思います。これまた「文化的自爆テロ」とでも言うべきもので、まったく悲劇と呼ぶべきか喜劇と呼ぶべきか分かりませんが、こういうことをいつまで繰り返すのかなと思います[14]。

漢字を捨ててハングル化した結果、わずか70年前の資料も直接読めなくなったと、韓国の人々を憐れみつつ、嘲笑する記事である。

しかし言葉の断絶を「文化的自爆テロ」と言うのであれば、日本もさほど事情は変わらないのではないか。日本も次のように、昔の文章が読めない道を自ら突き進んでいるのだ。

明治33年（1900）：変体仮名が分からなくなる（小学校令施行規則改正）

昭和21年（1946）：歴史的仮名遣いが分からなくなる（内閣訓令第8号、内閣告示第33号）

昭和23年（1949）：旧字体の漢字が読めなくなる（『当用漢字字体表』）

▌*14　ケント・ギルバート『まだGHQの洗脳に縛られている日本人』（2017年7月、PHP）。

現在は、くずし字が読めないのはもちろんだが、日本文学科の学生でさえ、旧字体がほとんど読めない。よって、70年前の日本語を目の前に出されても、ほとんど読めなくなっているのだ。

　よって先の韓国への嘲笑は、そのまま日本にも帰ってくることになる。「国民の大多数が、わずか70年前の書籍や新聞をまったく読めず」「歴史の真実に向き合えない」ために「文化的水準が下が」る「文化的自爆テロ」とでも言うべきものを行っていて、「まったく悲劇と呼ぶべきか喜劇と呼ぶべきか分か」らないのは、まさにこの日本のことなのである。

　これに加えて、文語に触れる機会も奪ってしまったらどうなるだろうか。文法さえチンプンカンプンになり、古い言葉へアクセスする道を自ら完全に断つことになってしまうことになる。それで良いのだろうか。

■5. 今こそ現代語訳だけでは不十分

　古い文章へのアクセスに関しては、「現代語訳で学べば良いではないか」という意見が否定派の前田氏によるプレゼンテーションにあった。また質疑応答やアンケートの結果を見ても、「原文によるべし」という強硬な意見は少なく、現代語訳中心で、古文を参考程度に掲載する、という形式でも良いのではないか、という意見が優勢だった（本書56ページおよび104~105ページ）。

　筆者は、現代語訳で済ませることには賛成ではない。なぜなら、これからの時代こそ、古文に古文の形で接することこそ重要だと考えるからである。

　いま古文を学ぶことによって得るべき力は、いわゆる「名作」を精緻に品詞分解し、あらすじを覚えることではないだろう。これから高校必修で接する古文の作品は、いやが応にも減少する。文学史のプレゼンスが下がっている今、古文を読む力とは、「名作」が鑑賞できればOKというわけにはいかない。これでは否定派の賛同も得られないだろう。

　一方で実は、古典へのアクセスは近年ますます容易になっているという

現実がある。もちろんデジタル化の賜物である。例えば、海外の博物館・美術館が、何十万点もの資料をデジタル化し、誰でも閲覧、さらには利用できるようにした、というニュースを聞いた人は多いのではないだろうか。日本も例外ではない。例えば、早稲田大学の古典籍を大量にデジタル化し、誰でも pdf でダウンロードできるようにした「古典籍総合データベース」[*15] は海外での利用者が大変多い。さらには、このサイトでくずし字の原本資料に直接アクセスできるようになったことは、海外の研究状況をも変えた。今までは活字翻刻された資料だけを読んでいた外国人研究者たちが、くずし字を独学で学ぶようになったのである。

　数多くの資料へ直接アクセスできるようになったのは日本も同じである。例えば明治期の読売新聞や戦時中の朝日新聞も、デジタルで読むことが可能である。国立国会図書館のデジタル化もめざましい。「国会図書館デジタルコレクション」（図1）[*16] には、万を越える資料がデジタル公開されていて、閲覧も pdf ダウンロードも容易である。

　自ら古文の世界とつながり、読むことは、多様で多大な利益を読み手に

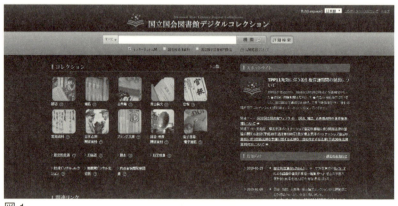

図 1

▌ *15　http://www.wul.waseda.ac.jp/kotenseki/。
▌ *16　http://dl.ndl.go.jp/。

もたらす。例えば、先人の残した事跡、思索、情報、創作は、現代に生き、未来へ進むための指針となることが、しばしばある。ところで現在のビジネス書は、何かと戦国武将や幕末の志士に学んでいるが、それはなぜだろうか。戦国・幕末が激動の時代だから、ということでは決してない。結局、作成者・享受者の周りに限られた情報しかないからである。自分で資料にアクセスできれば、自らの力で道しるべを選び取ることができる。

また近年、世にはフェイクニュースや歴史修正主義が台頭している。SNSの世界では、情報ソースの明らかでない歴史の「真実」が飛び交っている。こうした時代にあって、資料を自分で読み、確かめることができれば、嘘の情報に惑わされる危険が大幅に減る。実のところ現代においては、平安文学よりも、戦時中の新聞をそのまま読めることの方が、必要な古典リテラシーではないだろうか。

■6. 古文は現代文化の発展にも役立つ

このように古典へのアクセスが容易になったことは、文化的にも大変有益なものである。今や若者文化において、情報がどんどんとマニアックになっていることは、秋葉原や神保町の書泉グランデを訪れればすぐに諒解できるだろう。マニアックな知見から、新たな文化のコンテンツが生み出され続けている。

文語文を読む力は、物事を自分の目で判断する力、不確かな情報に踊らされないよう自分を守る力、新しいものを生み出す力、さまざまな生きる力を育むのである。

図2

一方、古典を知らないと、みっともないミスを犯すこともある。ゲーム「龍が如く」(図2)は、繁華街を舞台とし、アウトローたちの争いを描いた異色作である。芸能人の出演

などの話題性もあって、2005年にリリースされて以来、全世界で1000万本以上を売るヒットシリーズである。

しかしこの「龍が如く」というタイトルは、古文的にはおかしい。「龍の如く」でなければならない。「が」と「の」の使い分けは高校古文では定番の学習内容である。活用語には「が」がつき、名詞には「の」がつく。西郷隆盛と大久保利通を主人公とした司馬遼太郎の小説『翔ぶが如く』は正しいというわけである。「龍」の場合は名詞なので、「が」ではなく「の」がつかねばならない。古文が分からないと、「何となくかっこいい」という理由で文法的におかしなフレーズが生み出されてしまう。

古文の文法を守っていた方が、単純にかっこいい。できればかっこいいゲームであった方が良いと考えるのは、私だけではないだろう。

このように、古文を学ぶことには、多様なメリットがある。そしてこの程度のことは、高校必修の古文力で十分に可能なものである。そうした能力を、今まで日本人は1000年紡ぎ、継承して来た。それをここで断ち切っても良いものだろうか。

6. 古典文学は倫理的に問題があるのか

■ 1. ポリティカル・コレクトネスと古典

今回の猿倉氏の論点の一つに、「古典は古い道徳を押し付ける可能性がある」というものがある。いわゆる「ポリティカル・コレクトネス（政治的正しさ）」の問題である。

　　年下、女性、外国人特にアジア系の上司ができたらへこむか。あるいは私の近所の人たちにもいますが、同業者で自分の配偶者の方が自分よりも先に教授になったりとか、給料が上がったりするとへこむ人が結構多いんです。これはやはり古典教育、あるいは儒教的マインドの

弊害だと思います。（本書32〜33ページ）

こうした社会における偏見が、どうして古典教育のせいということになるのだろうか。古典の授業で学んだどの作品がこうした考えを生んでいるのだろうか。そこのところの具体的な道筋が示されていないので、ちょっと乱暴すぎる結論に思える。

もしかしたら、例えば『源氏物語』や『舞姫』のような、主人公の恋愛観が現代の目からすると品行方正でない作品を想定しておられるのだろうか。だとしたら、それは文学表現の理解としては初歩的なレベルの誤りである。文学作品は道徳教材ではなく、登場人物の行動を模範的な人物として示すものではないのだ。ましてや、ポリティカル・コレクトネスの面で問題となる場面や考え方があるからという理由で古文をなくしてしまえ、というのは論外である。西部劇に問題があるからといって、映画が消え去る訳ではないのと同じことだ。氏が展開しているのは、凶悪事件を根絶するために教室からハサミを無くせ、とか、原子爆弾を作った科学など若者に学ばせるな、というのと同レベルの議論である。

■2. 古典を重んじる中国

海外ではどうだろうか。身近には、輝かしい文学の歴史がありながら、その時代の価値観によってすべてを否定してしまった国がある。もちろん中国の文化大革命（1966〜1976）のことだ。その初期には、「現存のほぼすべての文学作品が「毒草」と見なして批判され、特に古典小説は、王侯将相、才子佳人が主人公の封建時代の残渣余孽として発禁となった」という[17]。

その中国は今どうなっているか。白雨田（2018）[18] は、現代の状況を簡潔にまとめてくれている。

▌*17　叢小榕「文化大革命時代における古典名作解釈に見る文学の多面性」。『いわき明星大学研究紀要　人文学・社会科学・情報学篇』2。2017年2月。
▌*18　「現代中国で「中国古典」はどう読まれているか」。湯浅邦宏編『教養としての中国古典』（ミネルヴァ書房、2018年4月）所収。pp.311-317。

この改革（引用者注：2001年の教育改革）の要点は、当時使用中の小中学校各科目「教学大綱」および教科書の修訂であった。特に、「中華民族の優秀な伝統の継承及び発揚」を重要な目標として掲げた上で、古典教育に関しては、「古代詩詞と平易な文言文を誦読（朗読）する、辞書を借りてその内容を理解する、一定の数の名篇を暗誦する」などが求められた。

また、本文の選定に関しては、「古代詩詞と文言文は30％前後」と明記された。そのため、新しく公表した小中学校「教学大綱」には、これまでなかった「古詩文暗誦篇目」が規定された。小学校は古詩詞（古代の漢詩と詞）80首、中学校は古詩詞50首と古文20篇の暗誦が求められている。その範囲は、『詩経』『楚辞』から、唐宋の詩詞、唐宋の古文、明清の散文までであった[19]。

加えて2001年には、中学、高校語文教科書における古詩文の割合もそれぞれ35％と43％まで増加したという。古典を重んじてゆく中国と、反比例するかのように古典を軽んじてゆく日本。中国におけるこの回帰を横目に見て、われわれは自信を持って「古典を捨てるべし」と言えるのかどうか。

7. 限られた古文の時間をどう生かすべきか

■ 1. このまま、というわけにはいかない

このシンポジウムで明確に示された通り、古典教育にさまざまな不満を持っている人は多い。それが現在の不要論につながっている。2018年7

[19]　p.315。

月に文部科学省が発表した「高等学校学習指導要領解説　国語編」も、そうしたマイナス面を受け止めた表現をしている[20]。肯定派の福田氏もプレゼンテーションで言及していた（本書66ページ）が、ここに再掲しておこう。

> 高等学校の国語教育においては，<u>教材の読み取りが指導の中心になることが多く</u>，国語による主体的な表現等が重視された授業が十分行われていないこと，話合いや論述などの「話すこと・聞くこと」，「書くこと」の領域の学習が十分に行われていないこと，<u>古典の学習について，日本人として大切にしてきた言語文化を積極的に享受して社会や自分との関わりの中でそれらを生かしていくという観点が弱く，学習意欲が高まらない</u>ことなどが課題として指摘されている。（6ページ）（傍線筆者）

「教材の読み取り」中心の授業が槍玉に上がっている。代わりに学習指導要領があるべき姿として求めているのは、「日本人として大切にしてきた言語文化を積極的に享受して社会や自分との関わりの中でそれらを生かしていくという観点」とのことだ。やや分かりにくい表現だが、要するに、現代に生きる若者にとって、必要を感じられる教育が求められているということだろう。

　古典の授業時間が大幅に削減されることは、すでに決まっている。内容的にも現状維持というわけにはいかないだろう。われわれはどう変わっていくべきだろうか。筆者は大学教員で高等学校の現場に詳しいわけではない。しかしここでの議論を踏まえて、いくつかの提言をしてみたい。その提言を先取って要約すれば、文法離れと文学史離れ、ということである。

[20]　第1章第2節1「国語科改訂の趣旨及び要点」。

■2. 助動詞活用表をテストに貼り付けてはどうか

　古典文法は、言葉の法則を知るという知的刺激を得られる学びである。一方で試験勉強という点に関して言えば、マスターさえすれば間違いの少ない、得点源だともいえる。また教員の立場からすれば、輪郭のはっきりしない国語という科目の中で、数少ない具体性のある、これを覚えないと点が取れない部分である。意地の悪い言い方をすれば、生徒の顔をむりやりこちらへ向けさせることができる要素、生徒に「これができないと受験に受からないぞ」と脅しをかけられる要素、である。

　しかし、だからこそ、徒労感を覚える学生も少なくない。実際、新指導要領の解説も次のように釘を刺している。

　　したがって，文語のきまりなどを指導するために，例えば，文語文法のみの学習の時間を長期にわたって設けるようなことは望ましくない。漢文の訓読のきまりの指導の場合も同様である。あくまでも，古典の世界に親しむことを目指していることに留意する必要がある。
　　（119 ページ）

　筆者自身も 2 年ほど前、有名な中高一貫進学校の先生の驚くべき発言を聞いた。「大学入試を古語辞典持ち込み可にしてほしい。古文単語を暗記させる授業はもう今の生徒たちには無理」と言うのだ。進学校でも文法教育はすでに学生を辟易させているらしい。

　私自身は先に述べた通り、古典文法が不要だとは思わない。しかし現行のような「る・らる・す・さす…」のような勉強がこれからの高校必修にふさわしい学びだとも思わない。

　実は、古文文法をマスターしなくても、古文は学べる。実際いま、小学校 3 年生から古典和歌が教えられている。図 3 は、小学 3 年生の息子が使っている国語の教科書である。「短歌を楽しもう」というタイトルなが

ら、古典和歌が掲載されている。良寛、藤原敏行、猿丸大夫、安倍仲麻呂による、おなじみの作品たちである。

もちろん小学3年生の子どもが古文文法を知っているわけではない。ただ見ると、現代語の感覚では対応できない箇所に鉛筆で丸が付されている。

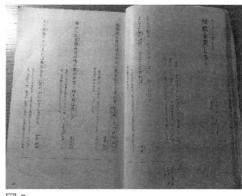

図3

「さむく〈し〉なれば」、「ぞ」→「ぬる」、「ぞ」→「悲しき」という箇所である。息子によれば、「係り結び」という名称こそ出なかったものの、対応関係については簡単な説明を受けた、ということである。

これは決して、この教科書の暴走ではない。現行の学習指導要領に基づくものである。「国語」の〔第3学年および第4学年〕には、「易しい文語調の短歌や俳句について、情景を思い浮かべたり、リズムを感じ取りながら音読や暗唱をしたりすること」とある。この条は、平成29年度告示の新学習指導要領にも引き継がれている[21]。同じ会社の教科書は、小学校5年生で、『竹取物語』『平家物語』『徒然草』『おくのほそ道』の冒頭を、現代語訳・古文併記で掲載している。

文法の重要性は理解するものの、いわゆる助動詞の活用表を、全員が丸暗記する必要があるだろうか。私としては、一段下げて、「助動詞の活用表があれば文法が分かる」ということを達成目標にしてはどうかと思う。だから、高校内での定期テストでも、大学入試でも、つねに活用表を問題末に貼り付けてほしい[22]。

---

[21] 「易しい文語調の短歌や俳句を音読したり暗唱したりするなどして、言葉の響きやリズムに親しむこと」。情景を思い浮かべるという内容面への踏み込みが求められなくなった。

■ 3. 何度も習う同じ古典作品

ところで、実際古典の授業で取り上げられる古典の作品というのは、かなり偏っている。

手元にある三省堂の国語教科書をチェックしてみた。中学校、高校必修（国語総合）、高校選択（古典B）*23 の教科書が取り上げる古典作品の教材を整理して、二つの大きな偏りを思い知らされた。

一つ目の偏りは、同じタイトルが何度も登場することである。

◆ 3度扱う作品
万葉集、古今和歌集、新古今和歌集、竹取物語、徒然草、平家物語
◆ 2度扱う作品
伊勢物語、枕草子、無名抄（むみょうしょう）、宇治拾遺物語、十訓抄（じっきんしょう）、俊頼髄脳（としよりずいのう）

もちろん歴史上重要な作品はある。また、生徒の古文スキルが上がるにつれて、同じ作品でも新たな魅力に気づかされることがある、ということも承知している。それでも、限られた時間の中で、同じ作品を何度も習うのはもったいない。古典の作品は、ほかにも数多くあるからである。例えば岩波書店の『日本古典文学大系』と『新日本古典文学大系』とで、計200巻ある。いくつかの重複はあるものの、これだけの数の中から、限られた作品を繰り返し学ぶのは、あまりに惜しい。

■ 4. 平安文学と説話文学への異常な偏り

▌*22　辞書の持ち込みについては、否定的な意見も聞かされた。「辞書に載っている」という事実が学生を縛ってしまう、というものだ。確かに辞書には間違いもあるし、辞書によって解釈が異なる箇所も多い。例えば、ある古典の同じ文章が、ある辞書では「完了の助動詞」の例文として掲載され、別の辞書では「強意の助動詞」の例文として掲載される、などということは、実際多いだろう。しかし、そこまで辞書を疑う姿勢を高校生に課すべきかどうか、という点には疑問が残る。
▌*23　『高等学校古典B 古文編［改訂版］』。

もう一つの偏りは、特定の時代、ジャンルに集中していることである。より具体的に言えば、平安文学と中世説話集とには、極端な集中が見られる。先に見た三省堂の教科書から、該当する作品を挙げておこう。

平安女流文学は、『枕草子』『源氏物語』『更科日記』『堤中納言物語』『住吉物語』『しのびね』『蜻蛉日記』『和泉式部日記』『紫式部日記』といったところが見える。これに加えて「女流」とはいえない『竹取物語』『伊勢物語』『大和物語』『土佐日記』なども加わっているのだから、平安時代の仮名文学は、ほぼ網羅されていると言って良いだろう。端的に言って、多すぎる。平安文学は重んじられすぎているのではないだろうか。

中でも『しのびね』はどうして掲載されているのだろうか。この作品は、平安時代に存在したことは確かだが、本文は現在に伝わっていない。そのあらすじだけが『風葉和歌集』（1271 年撰進）に掲載されて残っているにすぎない。「典型的な擬古物語で、独自な筋や叙述は少ないが、小さくまとまった構想に破綻がない」*24 と評されているが、その成り立ちを考えれば当たり前だろう。ただでさえ多い平安文学に、このような散逸物語まで掲載しているのは、高校生のためを考えた処置とは、筆者には考えられない。

中世説話集の方は、『宇治拾遺物語』『十訓抄』『今物語』『古今著聞集』『発心集』『古本説話集』が掲載されている。

1 話も短く、文章も簡明な『宇治拾遺物語』が、古文への入り口として用いられるのは分かる。しかし発展編であるはずの古典Ｂでも、上記 6 作はすべて掲載されている。

特に『古本説話集』が収録されているのには驚いた*25。該書は、伝本が 1 冊のみで、本来のタイトルは不明。「古本説話集」という名前は、1943 年に重要美術品に認定される際に初めて付されたものである。活字

▌*24 『日本古典文学大辞典』（1984 年 4 月、岩波書店）「忍音物語」の項（桑原博史執筆）。
▌*25 『古本説話集』は、第一学習社『高等学校 改訂版標準古典 A 物語選』にも掲載されている。

化も 1955 年になってようやくなされた。確かに説話集としてはかなり古い部類に属し、『今昔物語集』『宇治拾遺物語』と共通する逸話でもディテールが異なっているなど、説話の表現や伝わる背景・力学を考える上で、さまざまなヒントを与えてくれる貴重な作品である[26]。しかしそれは、研究の世界における重大さにすぎない。これが高校生の教科書に載せるべき作品かといえば、そうは思えない。さらにこの本は、書かれた平安末期～鎌倉初期から、世に出た 20 世紀まで、ほとんど無きに等しい存在だった。能創作のアイデアの源泉になったこともなければ、江戸時代に出版されたこともない。前の時代の作品を踏まえて新たな文化を生み出す、という日本文化の伝統からすれば、ほとんど何の役割も果たして来なかったのである。筆者には、この作品をいま高校生が習わなければならない必然性は感じられない。高校古典の現場で、説話文学が無批判に重用されてきた、なれの果てだとさえ思える。

■5. 古文文法と文学史に完全を求めない

なぜこの両者に偏るのか。これは現時点では推測でしかないが、「日本文学の頂点である平安女流文学」「その入門に最適な中世説話」というセットが定着してしまったことによるのではないだろうか。もう一つ言うならば、「どちらも学校文法が当てはまる」。そのため「試験で問いやすい」ということが挙げられるだろう。

もちろん、平安時代こそ古典文学の最盛期だから当然だという意見もあるだろう。しかしそれは、本当だろうか。さらに言えば、「文学の最盛期」という言い方は、極めて芸術的な立場からの見方である。こういう理由で平安文学が多く採用されていては、「芸術でしたら選択科目でやってください」と言われても仕方ない。

筆者が高校生だった 30 年ちょっと前、まだ試験問題に文学史の問題が

▎*26　『日本古典文学大辞典』(1984 年 1 月、岩波書店) 「古本説話集」の項 (池上洵一執筆)。

わずかながら出題されていた。作者と作品を結び付けるようなアレである。しかし今や文学史は入試古文からは払底して久しい。

　日本の歴史は長い。それぞれの時代に、それぞれの古典が生まれている。なのになぜ、平安文学ばかり取り上げられるのか。平安文学は、いわゆる国風文化の時代に生まれた。比較的中国の影響が少なかったといわれる時代である。この時代が重用されているのが、平成20、21年指導要領から生まれた教材採択指針ウの（ケ）、「我が国の伝統と文化に対する関心や理解を深め、それらを尊重する態度を育てるのに役立つこと」[*27] に合致しているから、というのであるとしたら、それはあまりに偏狭な見方である。もしそうであるなら、猿倉氏が言う、「人文学をやっている人のための人文学」であり、人文学をやっていない世の中の99％「の人たちの目線に立って活用可能なものになっていないから」、「受ける人の役に立つものに全くなっていない」（本書114ページ）との批判にさらされても仕方ないのではないだろうか。

　実は、現在「定番古典」と見なされている作品も、かなり頼りない根拠によって選ばれたものが多い。そして、歴史を振り返れば、定番古典の地位は、激しく浮沈して来た。このことは、江戸時代の文学を研究している者にとっては、常識の部類に属する。例えば『徒然草』は、その成立から数百年の間は、ほとんどあがめられることのない作品であった。それが江戸時代に入ってから、急に注釈書などが刊行されるようになり、「古典」の仲間入りをした。『徒然草』は〈最初の近世文学〉と言う研究者もいる[*28]。『源氏物語』も、国語教科書に掲載されるようになったのは、戦時下まで待たねばならない。そこでの掲載理由は、世界に誇る古典かつ啓蒙教訓書（！）だからというものであった。しかしそのままでは掲載できな

*27　p.13。
*28　塩村耕「最初の「近世文学」―同時代文芸としての『徒然草』―」（図録『日本をみつけた。「江戸時代の文華」展』〈2002年6月、日本近世文学会〉所収）。

いので、不道徳な要素を削除して現代語訳掲載したという[*29]。

　古典の存在意義が問われている今、従来の慣例にとらわれず、改めて古典の作品選びがされなければならない。その際、文学史と古文文法絶対主義には、決然と別れを告げなければならない。また、これから古文を通じて得るべき知見とは何か、ということを、ゼロから考える必要があるだろう。

　批判ばかりするのはフェアでないので、いくつか代替案を出してみたい。古文への入門ということなら、江戸時代の短編怪談はどうだろう。筆者は勤務校で、古典文法をマスターしていない一年生に向けての「古文入門」という授業を担当することがある。今の大学入試制度下ではペーパーテストを受けないで入学する学生が多いし、そもそも勤務校の入試国語には古文がない。よって日本文化学科の看板を掲げていても、こういう初歩的な授業が必要なのである。筆者はそうした授業のテキストに、国書刊行会『百物語怪談集成』正続篇[*30]に活字化された、江戸時代刊行の百物語怪談を用いている。まず怪談は学生の興味を引き付けやすい。また怖がらせるという明確な目的を持った文章なので、簡潔で具体的で、それでいて構成に妙がある。内容面では、時に現在イメージする怪談とは異なる点もあったりして、発展的な学習の契機にもなる。短編怪談は古文の入門にはもってこいである。

　やや発展的な作品であれば、岩波書店の『新日本古典文学大系』に注釈が掲載されている橘南谿『西遊記』（1783 ごろ成、図4）を推したい。医者である著者が医学修行のためとして西日本中を旅して見聞し、考えたことがらを随筆風に記した書物である。『おくのほそ道』のような「文学」的な紀行文とは異なり、できるだけ自分の目で確かめようとしたり、得た知見を科学的に解釈したりする姿勢は、さすがは医者である。江戸文学といえば俳諧や浮世草子しか学んでこなかった高校生には、従来の江戸文学の

▌*29　有働裕『「源氏物語」と戦争』（2002 年 12 月、インパクト出版）。
▌*30　「叢書江戸文庫」シリーズのうち。正続ともに太刀川清編。

知のあり方を再考させてくれるきっかけになるだろう。それでいて行間に旅の感傷がにじみ出るところもあり、十分に読み応えがある。のちに出版されて当時のベストセラーになったことも頷ける。古典文学を学ぶ意義

図4

を見いだせない理系高校生に、ぜひ読んでほしい作品である。

■6. 大学入試共通テストに『源氏物語』はやめてほしい

　古文が教科書のページ数を削られて、古文文法は教えられなくなるのか。あるいは、消滅しないまでも、いくぶんか易しくなるのか。現時点での答えは、ノーである。そのことは、高校教育の出口たる、「大学入試共通テスト」を見れば分かる。

　2021年1月から行われる「大学入試共通テスト」の国語は記述式が導入されるなど、大きな変化が見込まれている。その中で古文はどう変わるのか。これまで、共通テストのサンプルとなる古文問題は3問公表された。

　　2017年　7月　　モデル問題　　　　　　『平家物語』
　　2017年11月　　試行調査（プレテスト）　『源氏物語』
　　2018年11月　　試行調査（プレテスト）　『源氏物語』

むしろ今までより難化する予兆さえ見える。

　まず目を引くのは、プレテストで『源氏物語』から2回も出題されたことである。『源氏物語』は、正直言って読解が難しい。これは実話だが、近世文学を専門とする大学教授複数名で雑談している際、「『源氏物語』難しいよねー」「パッと出されても理解できないよねー」という会話になったほ

どだ。最も理解を困難にするのは、主語や目的語の省略がとても多い点である。敬語によって人物関係を判断しなければならない。実際のところ、『あさきゆめみし』などを読んでストーリーや登場人物を知っているかどうかで、かなり正答率に差が出る。少なくとも、『源氏物語』の一部分を見せられて理解するということは、高校生にとってはかなりハードルの高い要求だと言って良いだろう。実際、これまで『源氏物語』はほとんど出題されて来なかった[*31]。それが「大学入試共通テスト」では、3回のうち2回が『源氏物語』である。これは異常なことと見なさなければならない。

　もちろん、これには出題形式の変更によるものだとも考えられる。「大学入試共通テスト」では、複数の文章を比較することが求められている。つまり古文においても、従来のように作品の一部分をポイと挙げて済むわけではない。その文章の解釈や伝播などに関わる別の文章を用意しなければならない。そうなると、豊かな受容史を持つ『源氏物語』くらいでないと問題が作成できない、ということなのかもしれない。ただそれを勘案しても、『源氏物語』を連続して出題するというのは、出題者からの強いメッセージと見なさざるを得ない。

　それぞれの設問については、代々木ゼミナールによる解説を引用しておこう[*32]。

　　問1～4までは『源氏物語』本文の読解が問われており、前回の試行調査よりも従来のセンター試験の傾向を引き継いだ形になっている。

[*31]　1979年の共通一次試験時代には、11年間の実施のうち最終年度の1989年度本試験に「胡蝶」の巻が出題されたのみ。1990年度からの「大学入試センター試験」に至っても、本試験では2014年度本試験に「夕霧」出題されたのみ 。つまりこの約40年で2度しか出題されていないタイトルである。

[*32]　2018年度実施「大学入学共通テスト」試行調査（プレテスト）分析（国語）（https://www.yozemi.ac.jp/nyushikaikaku/bunseki_1811_02/）。

最後の問5においては、傍線部に関連する教師と生徒の会話文や『遍昭集』の引用文（和歌を含む）を踏まえて、生徒の解釈の中から正しいものを2つ選ぶ形式が特徴的である。

　前回の試行調査よりも本文の文章量を減らすなどして読解の負担は配慮されているが、和歌の解釈や複数の文章から必要な情報を抜き出して判断する力は今回も継続して求められており、解答する上で苦労すると思われる。

　問1〜5のうち、問5を除いては「従来のセンター試験を引き継いだ形になっている」という記述が目を引く。つまり、従来とあまり変わらないのである。文法は、「○○の助動詞××の△△形」などという直截な問題こそ出題されていないものの、知識としては解答するのに不可欠である。古文単語も、特に簡単なものが出題されている、という様子はない。つまり、世の中の疑問、反感を横目に、易化（サンプル問題）→難化（平成29年度試行調査）を経て、結局元の鞘に収まった、というのが現時点の共通テスト古文である。

　幸田国広は国語改革の歴史を眺めて次のように総括する。

　　これまで、高校国語科の歴史は改訂の度に新しい提起をことごとく跳ねのけてきた。多少の変化は見えても、一部の実践を除けば旧に復する力に押し戻され、その都度新しい提起は歪に変形されながら、全体としては不思議なほど自然ともとの鞘に戻ってしまう[33]。

　これからの古典も、結局元の鞘に戻ってしまうのだろうか。だとしたら、あまりにも悲しい。

---

*33　幸田国広「高等学校国語科の改定はどう受け止められているか」（『早稲田大学国語教育研究』39, 2019年3月）。p.1。

おわりに

　シンポジウムの結末はさぞ殺伐とした空気で終わるだろう、と考えていたのだが、実際はそうではなかった。終会するとともに、双方が歩み寄って握手を交わしたシーンは大変印象的だった。そして司会の飯倉氏の誘いで打ち上げには否定派、肯定派の双方が出席し、和やかに杯を酌み交わしながら、語り残した議論に花を咲かせた。傍から見れば危険な企画だったかもしれないが、司会と双方のパネリストの方々が、シンポジウムの趣旨を深く理解し、紳士的に議論を行ってくださったことに対し、感謝に堪えない。

　ただし、これをもって何かが解決したと考えるのは早計だろう。そのことは、否定派パネリストの追加コメントを読んでいただければ明らかだ。議論はようやく始まったばかりなのである。

　ご来場くださった方々、中継、Twitterで参加してくださった方々にも感謝申し上げたい。目を通した大量のツィートの中には、考えをまとめる上でのヒントになったものも少なくなかった。また、少なからぬ数のブログが、本シンポジウムについて丁寧な感想を記してくださった。これらのうちのいくつかは引用したが、中には、明記するに至らなかったものもあることを、感謝しつつお断りしておく。

　語り落した点も少なくない。例えば国語教育における文学の役割については、あまり深い議論にならなかった。「文学は芸術科目で」という議論に対しては、筆者よりも適任の方がおられると思うので、そうした方々の論考を楽しみに待ちたい。

　このシンポジウムを一書にまとめた今、筆者が望むことは二つある。

　第1に、「古典は本当に必要なのか」という問いに対して、それぞれが独自の回答を考えていただきたい、ということだ。筆者が提示したのは、

一つの案でしかない。できれば登壇者のようなキャリア半ばをすぎた人々ではなく、20 〜 30 代のこれからを担う世代にこそ、真剣に考えてほしい。この世代は、「世も末だな」と嘆くだけで済まない。放っておけば先細りが確実な古典の担い手として、実際に世の中を動かさなければならないのだから。

　第 2 に、古典不要派、文学不要派と対峙する試みが、このあとも別の場所で開催されてほしい、ということだ。今回登壇いただいた否定派の方々は、決して特異な少数派ではない。サイレントマジョリティは、われわれが考えるよりはるかに多いのである。もちろん、登壇し、名前と顔とをさらして堂々と意見を述べてくださる否定派を探すことは、大変難しいだろう。しかし、それがもう一度叶えば、議論はまた別の深まりを見せるにちがいない。

　シンポジウムからまだ半年ほどだが、この間にも、状況は日々変化している。いやむしろ、手をこまねいているうちに、取り返しのつかない時点までのカウントダウンが着々と進んでいる、と言うべきだろう。古典が否定にも値しないところまで落ち、消え去ってしまう前に、真剣な議論が一つでも多くなされることを期待したい。

2019 年　夏

勝又　基

編　者　勝又　基（かつまた・もとい）

九州大学大学院博士後期課程修了。ハーバード大学ライシャワー日本研究所客員研究員等を経て、現在、明星大学教授。著書に『落語・講談に見る「親孝行」』（NHK 出版）、『親孝行の江戸文化』（笠間書院）、共編著に『怪異を読む・書く』（国書刊行会）など。孝子伝、落語・講談、写本文化、昔話絵本などを専門とする。また早くから国際的な研究交流の重要性に注目し、海外での学会発表、資料調査、英語での論文執筆を積極的に行う。

執筆者（五十音順）

飯倉洋一／猿倉信彦／前田賢一／福田安典／渡部泰明
シンポジウム参加者のみなさん／アンケートに答えていただいたみなさん

古典は本当に必要なのか、否定論者と議論して本気で考えてみた。

2019（令和元）年 9 月 15 日　第 1 版第 1 刷発行
2020（令和 2 ）年 6 月 30 日　第 1 版第 2 刷発行
2023（令和 5 ）年 1 月 20 日　第 1 版第 3 刷発行

ISBN978-4-909658-16-6　C0095　Ⓒ著作権は各著者にあります。

発行所　株式会社 文学通信

〒 114-0001　東京都北区東十条 1-18-1 東十条ビル 1-101
電話 03-5939-9027　Fax 03-5939-9094
メール info@bungaku-report.com ウェブ https://bungaku-report.com

発行人　岡田圭介
編　集　岡田圭介
装丁・組版　岡田圭介
印刷・製本　モリモト印刷

ご意見・ご感想はこちらからも送れます。上記のQRコードを読み取ってください。

※乱丁・落丁本はお取り替えいたしますので、ご一報ください。書影は自由にお使いください。

文学通信の本

☞全国の書店でご注文いただけます

岡田一祐『ネット文化資源の読み方・作り方』
ISBN978-4-909658-14-2｜A5判・並製・232頁｜定価：本体 2,400 円（税別）｜2019.07 月刊

後藤真・橋本雄太編『歴史情報学の教科書 歴史データが世界をひらく』
ISBN978-4-909658-12-8｜A5判・並製・208頁｜定価：本体 1,900 円（税別）｜2019.04 月刊

はちこ『中華オタク用語辞典』
ISBN978-4-909658-08-1｜四六判・並製・232頁｜定価：本体 1,800 円（税別）｜2019.06 月刊

長島弘明編『〈奇〉と〈妙〉の江戸文学事典』
ISBN978-4-909658-13-5｜A5判・並製・552頁｜定価：本体 3,200 円（税別）｜2019.05 月刊

飯倉洋一・日置貴之・真山蘭里編『真山青果とは何者か？』
ISBN978-4-909658-15-9｜A5判・並製・272頁｜定価：本体 2,800 円（税別）｜2019.07 月刊

叢の会編『江戸の子どもの絵本 三〇〇年前の読書世界にタイムトラベル！』
ISBN978-4-909658-10-4｜A5判・並製・112頁｜定価：本体 1,000 円（税別）｜2019.03 月刊

ビュールク トーヴェ
『二代目市川團十郎の日記にみる享保期江戸歌舞伎』
ISBN978-4-909658-09-8｜A5判・上製・272頁｜定価：本体 6,000 円（税別）｜2019.02 月刊

白戸満喜子『紙が語る幕末出版史 『開版指針』から解き明かす』
ISBN978-4-909658-05-0｜A5判・上製・436頁｜定価：本体 9,500 円（税別）｜2018.12 月刊

海津一朗『新 神風と悪党の世紀 神国日本の舞台裏』
日本史史料研究会ブックス 002
ISBN978-4-909658-07-4｜新書判・並製・256頁｜定価：本体 1,200 円（税別）｜2018.12 月刊

染谷智幸・畑中千晶 [編]『全訳 男色大鑑〈武士編〉』
ISBN978-4-909658-03-6｜四六判・並製・240頁｜定価：本体 1,800 円（税別）｜2018.12 月刊

西法太郎『三島由紀夫は一〇代をどう生きたか』
ISBN978-4-909658-02-9｜四六判・上製・358頁｜定価：本体 3,200 円（税別）｜2018.11 月刊

西脇 康 [編著]『新徴組の真実にせまる』
日本史史料研究会ブックス 001
ISBN978-4-909658-06-7｜新書判・並製・306頁｜定価：本体 1,300 円（税別）｜2018.11 月刊

古田尚行『国語の授業の作り方 はじめての授業マニュアル』
ISBN978-4-909658-01-2｜A5判・並製・320頁｜定価：本体 2,700 円（税別）｜2018.07 月刊

前田雅之『なぜ古典を勉強するのか 近代を古典で読み解くために』
ISBN978-4-909658-00-5｜四六判・上製・336頁｜定価：本体 3,200 円（税別）｜2018.06 月刊

https://bungaku-report.com/